Moritz Guedemann

Zur Geschichte der Juden in Magdeburg

Moritz Guedemann

Zur Geschichte der Juden in Magdeburg

ISBN/EAN: 9783743447585

Hergestellt in Europa, USA, Kanada, Australien, Japan

Cover: Foto ©ninafisch / pixelio.de

Weitere Bücher finden Sie auf **www.hansebooks.com**

Zur

Geschichte der Juden

in Magdeburg.

Grösstentheils nach Urkunden des Magdeburger Kgl. Provinzial-Archivs bearbeitet.

Nebst Noten und handschriftlichen Beilagen.

Von

Dr. M. Güdemann,
Rabbiner.

Separatabdruck aus Frankel's Monatsschrift für Geschichte und Wissenschaft des Judenthums.

Breslau.
Verlag der Schletter'schen Buchhandlung (H. Skutsch).
1866.

Es mag überraschen von einer „Geschichte der Juden in Magdeburg" reden zu wollen. Erwartet man doch eine Geschichte nur von einer „alten" Gemeinde, und als eine solche dürfte freilich die Magdeburgische selbst Demjenigen nicht erscheinen, der in der allgemeinen Geschichte der Juden nicht ganz unbewandert ist. In der That zählt die Gemeinde, wie sie augenblicklich besteht, kaum ein halbes Jahrhundert. Da ist Nichts, was in dem Reisenden, der auf den Gassen sich umschaut, den Gedanken erwecken könnte, dass einst Juden hier auf ihrer Pilgerfahrt eine Ruhestätte gefunden. — Kein Häusercomplex, den man als das alte „Ghetto" bezeichnen hörte, kein alter Friedhof, auf welchem verwitterte Steine von der geschwundenen Grösse einer einstigen Judengemeinde erzählten, keine Sagen und Mährchen im Volksmunde, in denen Juden eine Rolle spielten! Man hoffe auch nicht, ein ehrwürdiges, vergilbtes „Memorbuch" zu finden, das eine Reihe berühmter Männer, gefeiert durch Gelehrsamkeit oder ein heldenmüthiges Märtyrerthum, verewigte: kein Schriftstück ruht in dem Archive der Gemeinde, das älter wäre als unser Jahrhundert. Und doch gab es hier einst alles Das, was anderen Gemeinden einen klangvollen Namen gemacht und einen Ehrenplatz in dem Buche der Geschichte verschafft hat: es gab hier Gelehrte, es gab hier Märtyrer, es sass hier eine Gemeinde, deren Alter an das der ältesten in Deutschland hinanreicht; ja zu der Zeit schon, wo in Persien noch Exilarchat und Gaonat den Juden eine gewisse Selbstständigkeit bewahrten, waren hier, im rauhen Norden, an den Ufern der Elbe, Juden angesiedelt.

Man wird es mir daher vielleicht auch ausserhalb Magdeburg's Dank wissen, wenn ich, was von alten Nachrichten über seine einstige Judengemeinde auf uns gekommen ist, zusammenstelle und vor der Ungunst der Zeiten, die ohnehin hier unbarmherziger als anderswo das Schwert der Vernichtung geschwungen, bewahre. Auch dürfte Magdeburg gerade deshalb, weil man die Erinnerung an seine einstigen jüdischen Bewohner so ganz und gar verloren hat, das Interesse verdienen, das man jüngeren und unbedeutenderen Gemeinden oft in übertriebener Weise widmet. Doch erwarte man nicht eine lange, wechselvolle, von Tage zu Tage fortschreitende Geschichte! Von jüdischer Seite ist uns beinahe Nichts geblieben, was über die Juden zu Magdeburg unterrichten könnte. Denn während des früheren Mittelalters, etwa vom 10.—14. Jahrhundert lagen die Fäden der jüdischen Angelegenheiten in den Händen der süddeutschen Gemeinden, und aus der spätern Zeit, wo in Folge heftiger Verfolgungen das jüdische Leben sich mehr nach Norddeutschland zog, sind uns überhaupt nur wenig jüdische Nachrichten geblieben. Es beruht daher im Wesentlichen, was ich in den folgenden Blättern mitzutheilen gedenke, auf Urkunden des hiesigen Königlichen Provinzial-Archiv's [1]). Es ist möglich, ja sogar wahrscheinlich, dass einst eine grössere Anzahl von Urkunden über jüdische Angelegenheiten vorhanden war. Sie werden wohl das Schicksal des hiesigen städtischen Archivs getheilt und bei der Zerstörung Magdeburg's ihren Untergang gefunden haben. Sonst finden sich noch zerstreute Nachrichten über die Magdeburgischen Juden in

---

[1]) Ich muss hier dankend die Bereitwilligkeit erwähnen, mit welcher mir die Herren Archivrath v. Mülverstedt und Archivsecretär Dr. Jacobs behülflich waren. Zu besonderem Danke aber fühle ich mich dem Herrn Director Prof. Wiggert verpflichtet, der nicht bloss durch seine reiche Bibliothek, deren Benutzung er mir freundlichst gestattete, sondern auch durch manchen belehrenden Wink meine Arbeit wesentlich gefördert hat.

der sogenannten Schöppenchronik, die wahrscheinlich um die Mitte des 14. Jahrhunderts begonnen und im Verlaufe der Zeit von verschiedenen Verfassern bis etwa 1480 fortgesetzt ist. Sie diente jedenfalls auch andern Chronisten, insoweit sie sich über die Verhältnisse Magdeburg's verbreiten, zur Quelle. Letztere bieten daher wenig, was nicht schon aus der Schöppenchronik sich ergäbe. Auf Grund dieser Nachrichten, an welche sich nur spärliche Notizen aus jüdischen Schriftstellern des Mittelalters reihen, gebe ich im Folgenden nach einer kurzen Untersuchung über die Lage des ehemaligen Wohnsitzes der Juden zunächst die Geschichte derselben bis zu ihrer Vertreibung i. J. 1492, um hieran eine kurze Skizze über die nachmalige Stellung der Stadt zu den Juden überhaupt bis zu ihrer Wiederansiedelung zu knüpfen.

I.

Das Gebiet, auf welchem die Gemeinde sass, wird in den Urkunden als das „Judendorf zu (d. h. vor) Magdeburg" bezeichnet[2]. Dasselbe lag nicht im Bezirke der Stadt, unterstand auch nicht deren Botmässigkeit, sondern gehörte zu dem Gebiete und der Gerichtsbarkeit des Erzbischofs, der innerhalb der Stadt deren südlichen Theil, den sogenannten Neumarkt[3] (Domplatz) und die angrenzenden Strassen, und ausserhalb der Stadt das an diese Seite stossende Areal zu Eigen besass. Auf diesem Areal, hart die Stadt berührend und unfern der Elbe, unter der jetzigen Bastion Cleve, lag damals die Sudenburg, so genannt von ihrer südlichen Lage (arx meridionalis)[4]. Ein wenig entfernter von der Stadt, westlich von der Su-

---

[2]) S. Beilage IX.
[3]) Im Gegensatze dazu heisst die eigentliche Stadt die alte Stadt oder Altstadt.
[4]) S. Erhard, das Judendorf bei Magdeburg u. s. w. in Ledebur's Allgem. Archiv für die Geschichtskunde d. Preuss. Staates I, S. 321, Anm. 3.

denburg, aber ziemlich nahe bei derselben, etwa auf dem
südlichen Ende des Platzes bei dem jetzigen Fort Scharn-
horst, lag das **Judendorf**. Weiterhin, auf dem Plane,
den jetzt der Wilhelmsgarten einnimmt, lag das **Kloster
Bergen**. Die genannten Ortschaften treten in den Urkunden oft in Beziehung zu einander, desswegen es auf
eine möglichst genaue Bestimmung ihrer Lage wesentlich
ankommt. Die Nähe des Judendorfs zur Sudenburg einerseits und zur Stadt Magdeburg andererseits macht es
erklärlich, dass die Juden bald nach dieser, bald nach jener bezeichnet werden. So finden sich die Bezeichnungen:
die Juden zu Magdeburg [5]), die Juden in der Sudenburg-
Magdeburg [6]), die Magdeburgischen Juden in der Sudenburg [7]). Es bleibt noch übrig, die Lage des jüdischen
Begräbnissplatzes anzugeben. Derselbe, in den Urkunden
„keuer, kyuer, kefer, keffer = קֶבֶר" genannt, lag hinter
Bukau, links am Wege nach Fermersleben, wo 1827 noch
viele Schädel und einige Steine mit hebräischen Inschriften
aufgefunden wurden [8]). Zwei derselben, arg verstümmelt,
befinden sich auf dem jetzigen Friedhofe der Gemeinde;
ihre Inschriften, an sich unbedeutend, geben die Jahres-
zahlen 1268 und 1289 an; eine dritte, mir in Abschrift zu
Gesicht gekommene, nennt einen Märtyrer (הרג) הקׂר שמואל הג
vom Jahre 1356; eine vierte hat die Jahreszahl 1306. Die
Leichensteine sind höchst wahrscheinlich zu Bauzwecken
verwendet worden. Um 1815 waren etwa noch zwanzig
als Prellsteine an Strassenecken und in den Thoren sicht-
bar. Uebrigens führt noch jetzt ein Stück Feldes in der
Nähe der Stadt Bukau die Bezeichnung „Judenkever [9])".
In der Stadt Magdeburg selbst haben wohl niemals Juden
gewohnt [10]). Es zeigt sich, wie weiter ersichtlich, auch

---

[5]) Beilage VII.
[6]) Beilage IV.
[7]) Beilage I.
[8]) Mittheil. von Hrn. Dir. Wiggert.
[9]) Erhard a. a. O.
[10]) Ich weiss nicht, worauf Hoffmann, Gesch. d. St. Magdeb. I,

hier die in der Geschichte des Mittelalters oft wiederkehrende Erscheinung, dass die Geistlichkeit — gleichviel ob aus Eigennutz oder Humanität — den Juden Schutz gewährte, während die Städte in übermüthigem Selbstbewusstsein ihnen eine schroffe Unduldsamkeit bewiesen.

II.

Woher und wann die Juden nach Magdeburg gekommen, lässt sich genau nicht angeben. Wahrscheinlich ist, dass sie vom Rheine her in diese Provinz eingewandert sind. Erwähnung geschieht ihrer zum ersten Male am 9. Juli des J. 965, also vor gerade neunhundert Jahren, in einer Urkunde Otto's des Grossen, in welcher dieser die „daselbst wohnenden Juden und Kaufleute" der Gerichtsbarkeit und Botmässigkeit des Erzbischofs unterwirft[1]. Aber es lässt sich annehmen, da sie in dieser Urkunde schon in einer Anzahl auftreten, die eine Feststellung ihrer rechtlichen Verhältnisse erfordert, dass sie schon eine geraume Zeit früher zu Einzelnen sich hier besetzten und allmälig eine Gemeinde bildeten, die wegen ihrer commerciellen Bedeutung leicht der angesehenste Theil der damaligen Bevölkerung gewesen sein mag[2]. Werden doch in der erwähnten Urkunde Otto's I. die

---

S. 39, die Behauptung stützt, dass die Juden anfänglich in der Stadt gewohnt und späterhin erst in das Judendorf verwiesen worden seien. Dass die Juden in den Urkunden Otto's I. und II. (s. weiter) als „ibi (d. h. zu Magdeburg) manentes" bezeichnet werden, beweist nach der obigen Darstellung Nichts. Die Juden werden selbst bei ihrer Ansiedelung einen gemeinsamen Wohnsitz (das Judendorf) sich erwählt haben. Auch würde sich von einer Verweisung in den Quellen irgend eine Andeutung finden.

[1] Die Stelle lautet (bei Rathmann, Gesch. der Stadt Magdeb. I, S. 381): Et ne vel Judaei, vel ceteri ibi manentes negotiatores ullam aliunde nisi ab illo, qui eidem ecclesiae praefuerit, districtionis aut disciplinae sententiam vel regulam sustineant volumus et firmiter jubemus. Vgl. Grätz, Gesch. d. Jud. V, S. 404.

[2] Hoffmann, a. a. O. I, S. 46.

christlichen Kaufleute nur als „die übrigen" neben den Juden genannt, und in einer Urkunde Otto's II. v. J. 973, in welcher er die von seinem Vater dem Erzbischof eingeräumten Privilegien bestätigt, wird den Juden bei der Aufführung der Bevölkerungsklassen geradezu der erste Platz zugewiesen³). In der That aber war Magdeburg wegen seiner bedeutenden Wichtigkeit für den Handel wohl geeignet, die Aufmerksamkeit der Juden, die damals vorzugsweise den Handel, besonders den Kleinhandel in Händen hatten, auf sich zu ziehen. In einer fruchtbaren, sehr angebauten Gegend und an einem schiffbaren Strome gelegen, war die Stadt schon von Natur zu einem Mittelpunkte für wichtige Handelsverbindungen, zu einem Stapelplatze für die Schifffahrer geeignet. Insbesondere hatten dann bedeutsame Privilegien, welche Otto der Grosse der Stadt bewilligt hatte, ihren Handel sehr bald zu mächtiger Blüthe emporgebracht und ihren Ruf weithin verbreitet⁴). Es scheint mir daher auch ausser allem Zweifel, dass Magdeburg es war, welches die Juden vor allen übrigen Städten und Ortschaften dieser Provinz und wohl von Norddeutschland überhaupt aufsuchten. Zwar wird auch Erfurt schon so früh wie Magdeburg als ansehnlicher Handelsort erwähnt⁵); indessen scheint es mir bei der jedenfalls vorwiegenden Bedeutung, die Magdeburg in Handelsangelegenheiten besass, unbedenklich, demselben, was die Anwesenheit von Juden betrifft, die Priorität zuzusprechen und es als die Mutterstadt anzusehen, von wo

---

³) Die Stelle lautet (bei Rathmann, a. a. O., S. 383): .... et negotiatores vel Judaei ibi habitantes, omnesque familiae litorum, vel colonorum, vel servorum, vel Sclavorum illuc pertinentes, a nullo alio nisi eodem Advocato (Archiepiscopi) secundum leges constringantur, vel judiciales sententias patiantur.

⁴) Ueber die Bedeutung Magdeburgs als Handelsort und über die Auszeichnung, welche Otto I. der Stadt zu Theil werden liess, siehe Fischer, Gesch. d. deutschen Handels I, S. 511.

⁵) S. das Capitulare Karl's d. Grossen v. J. 805, abgedruckt bei Rathmann, a. a. O. S. 379.

die Juden nach den übrigen Ortschaften dieser Provinz sich verbreitet haben. Sehr früh erscheinen die Juden in Merseburg, Halle, Erfurt, bald auch in Aschersleben, Stendal, Wittenberg, Nordhausen und andern Orten, die insgesammt ein regsames jüdisches Leben entfaltet haben [6]). Sie mögen auch wohl, wie vor Magdeburg, in besondern Ortschaften sich besetzt und diesen den Namen gegeben haben: so wird schon im Jahre 1214 ein Judenberg im Kreise Bitterfeld erwähnt; noch jetzt gibt es ein Judendorf im Querfurter Kreise.

Die Geschichte der Magdeburgischen Juden ist im Ganzen und Grossen, wie die mittelalterliche Geschichte der Juden überhaupt, eine Reihenfolge von seltenen Begünstigungen und häufigen Quälereien, von Schonung und Erpressung, Duldung und Verfolgung. Anfangs wird ihre Lage wohl eine behagliche gewesen sein: Judenverfolgungen waren noch nicht eine so beliebte Mode geworden und hier scheint überdies, in der ältesten Zeit wenigstens, die geschäftliche Bedeutung der Juden eine Spannung zwischen ihnen und den christlichen Einwohnern verhindert zu haben. So erblicken wir auch i. J. 1012 in dem Zuge der Leidtragenden, welche dem Leichenconducte des ausserhalb Magdeburgs verstorbenen Erzbischofs Walther entgegengingen, eine Menge Juden, die an der allgemeinen Trauer über diesen sehr gerühmten Kirchenfürsten Theil nahmen [7]). — Während der folgenden zwei

---

[6]) Bei Maharil und R. Jakob Weil werden die Städte Erfurt, Nordhausen und Halle sehr oft erwähnt. Bei R. Moses Minz kommt auch Aschersleben vor. Der hiesigen Provinz entstammen bekanntlich Menahem (aus Merseburg) und Süsskind Alexander, Verf. des Agudda (aus Erfurt). Noch bei R. Moses Isserls (R. G. A. 86) wird Stendal (שטנד"ל) genannt.

[7]) Chron. Magdeb. ap. Meibom. II, p. 285: In aestimabili autem miseria et luctu plangente familia et praecipue orphanorum, quorum pater erat, turba, Judaeorum quoque quamvis infidelium moerenti caterva illi occurritur. Die Schöppenchr. z. J. 1012: „dar (dahin, nach Bukau nämlich) kemen papen, börger unde joden ..... unde entfengen öne mit Droefnisse (Betrübniss). Thietmar (ein

Jahrhunderte geschieht der Magdeburgischen Juden keine Erwähnung, wohl ein Beweis, dass sie ungestört in ihrem Besitze lebten. Sie tauchen in der Geschichte erst wieder auf bei Gelegenheit der Zerstörung des Judendorfs i. J. 1213, die in einem Kriege Kaiser Otto's IV. wider den Erzbischof Albert durch den erstern herbeigeführt wurde [a]. Mit diesem Ereignisse scheint die Reihe der Unbilden eröffnet und man darf vermuthen, dass von den Quälereien und Belästigungen, die seit den Kreuzzügen an der Tagesordnung waren, uns nur die bedeutenderen bekannt geworden sind. Zu ihnen gehört die Judenverfolgung unter dem Erzbischof Ruprecht, der von 1260—1266 regierte. Dieser Kirchenfürst hatte auf einer Reise nach Rom und für die Gewährung des Palliums viel Geld verausgabt und liess es bald nach seinem Amtsantritte sich angelegen sein, die durch frühere Vorgänge ohnehin schon geschmälerte erzbischöfliche Kasse von Neuem zu füllen. Für diesen Zweck schien ihm eine Plünderung der Juden seines Erzbisthums das geeignetste Mittel. So überfiel er das Judendorf am Hüttenfeste des J. 1261, als gerade auch auswärtige Juden in grosser Anzahl daselbst sich eingefunden hatten, erbrach Wohnungen und Schränke, raubte Geld, goldene und silberne Geschirre und nahm die Reichsten unter ihnen gefangen, um von ihnen ein beträchtliches Lösegeld zu erpressen. Allein Ruprecht begnügte sich nicht mit der Brandschatzung der Magdeburgischen Juden, auch die zu Halle — welche Stadt ebenfalls zu dem Erzbisthum Magdeburg gehörte — sollten geplündert werden. Hier aber bewies die Bürgerschaft ein reges Gefühl für Gerechtigkeit. Sie widersetzte sich den Forderungen des Erzbischofs und wollte ihr der Ju-

---

gleichzeitiger Zeuge), Chron. Merseb. ed. Wagner p. 181 . . . . . et Judaeorum magna . . . . multitudo conveniens dolorem lamentando manifestat.

[a]) Schöppenchr. z. J. 1213: „He (Otto) verbrande alle dat umme düsse stad stunt edder lag . . . . . dat Jodendorp u. s. w." Vergl. Spangenberg, Mansf. Chronik (aus d. 16. Jahrh.) z. St.

denschaft gegebenes Wort, das dieser Schutz und Sicherheit verheissen hatte, nicht brechen. Da rief der Erzbischof seine Brüder und Vettern, die Grafen von Mansfeld, zu Hülfe, und belagerte die Stadt, die ihrerseits in dem Herzog Albert von Braunschweig einen Beistand fand. Allein der Herzog wurde selbst gefangen genommen, und so war die Stadt Halle, auf sich allein angewiesen, genöthigt, die Juden der erzbischöflichen Habgier preiszugeben. Auf diese Weise sollen den Juden zu Magdeburg und Halle 100,000 Mark Silbers abgepresst worden sein, eine Summe, die auf einen beträchtlichen Wohlstand und eine nicht geringe Mitgliederzahl der beiden Gemeinden schliessen lässt °).

Hatte es Ruprecht mehr auf das Geld der Juden abgesehen, so war der folgende Erzbischof, Conrad von Sternberg, aus religiösem Fanatismus den Juden abhold (religione fervens Judaeis infestus)[1]. Sein Judenhass ist auch in weiteren Kreisen durch ein Ereigniss bekannt geworden, das indessen, in seinen Einzelheiten vielfach entstellt, seinem wirklichen Thatbestande nach nicht mehr erkennbar ist. Es soll nämlich — wie die Sage erzählt — an einem Sonnabende des Jahres 1266 oder 67 ein Jude, Salomon mit Namen, in den Abgrund eines

---

°) Chron. Magd. l. c. II. p. 331, eodem anno (1261 Rupertus) Judaeos ad festum tabernaculorum congregatos in Magdeburg ditiores capticavit et, ut dicitur, de redemptione eorum centum millia marcarum recepit et in Halle et Magdeburg domos eorum violenter intrans et seras eorum aperiens quicquid auri et argenti invenit asportari fecit. — Die Schöppenchronik z. J. 1261: In dem 1261 jare fengk he (Ruprecht) de joden van Magdeborch und van Halle in der tyd der Loffrotunge (Laubhüttenfest) und schattede ön aff hundert dusent mark ane gold und silber dat he ut ören schloten nomen hadde unde ut ören hüszen de men upslot und tobrak und darum hadde he Halle belegen in düssem jar. Vgl. Abel's niedersächsische Chronik S. 168., Spangenberg a. a. O. S. 497 und Rathmann a. a. O. II, S. 96. — Wie kommt das Wort „Loffrotunge" in dem angeführten Bericht der Schöppenchronik zu der Bedeutung „Laubhüttenfest"?

[1]) Kranz, Metropolis l. VIII, c. 33.

gewissen heimlichen Gemaches gefallen sein, und, wie natürlich, kläglich um Hülfe gerufen haben. Die Juden, die herbeikamen, bedauerten, die Sabbathgesetze vorschützend, keine Hülfe leisten zu können. Diese Nachricht kam vor den Erzbischof, und der gab sofort Befehl, dass nun auch der Sonntag dem Sonnabend gleich geachtet werden sollte, und so musste der Jude bis zum dritten Tage in seiner traurigen Lage verharren [2]).

Höchst wahrscheinlich stammt auch aus dieser Zeit die auf die Juden gemünzte Kapitälverzierung an dem ersten der südlichen Halbpfeiler der westlichen Vorhalle des hiesigen Domes. „Es ist die Composition einer Sau mit Juden. Einer derselben steht hinter ihr, ohne eine besondere Beschäftigung; ein zweiter, etwas kleinerer, kniet neben der Sau und saugt an ihrem Euter, und vor ihr steht eine Jüdin, welche, so weit sich dies bei dem starken Farbenanstrich erkennen lässt, eine Frucht von dem vor ihr stehenden Baume bricht: vielleicht eine Hindeutung auf den ersten Sündenfall oder auf das sündhafte Volk. Nach der Jüdin folgt wieder ein Jude, der eine Schriftrolle auf der Hand hält (der Rabbiner mit dem Gesetze?) [3])". Auch an andern Orten in der Nähe Magdeburgs finden sich dergleichen Bilder [4]).

Gegen Ende des Jahrhunderts drohte abermals eine Verfolgung, zu welcher auswärts das Beispiel gegeben war, über die Juden zu Magdeburg hereinzubrechen. Nach der Schöppenchronik hätten die Juden zu Mainz i. J. 1285 ein Christenkind getödtet und ihm das Blut aus dem Leibe gepresst. In Folge dessen hätte dann ein Mann, der sich König Armleder genannt, in der erwähnten Stadt eine Judenverfolgung angestiftet. Dieses Ereigniss,

---

[2]) Siehe Note I.
[3]) Brandt, Ueber die Thiergestalten an Kapitälen im Dom zu Magdeburg in den „Neuen Mittheil. d. Thür.-Sächs. Vereins" Bd. 7, S. 139, wo die Verzierung abgebildet ist. Ebenso Desselben „Der Dom zu Magdeburg." S. 51.
[4]) Siehe Note II.

und ein anderes, das zwei Jahre später stattgefunden und wobei ein Mann Namens Ghude Werner gekreuzigt sein soll, setzte die Bürger Magdeburgs so sehr in Aufregung, dass die Juden kaum vor der Wuth der grossen Masse geschützt werden konnten [5]). Dieselbe brach denn aber, dies Mal zurückgedrängt, bald nachher um so heftiger los. Im Jahre 1301 nämlich hatte eine christliche Magd aus dem Judendorfe das Gerücht ausgesprengt, die Juden daselbst hätten das Bild Jesu an ein Kreuz geheftet, um so gleichsam den Gekreuzigten abermals zu kreuzigen. Daraufhin überfielen die Bürger das Judendorf, plünderten es, vertrieben die Juden und tödteten viele von ihnen [6]).

Trotz so vielfacher Unbilden muss die Magdeburgische Judengemeinde in guten Vermögensverhältnissen gestanden haben und scheint nicht selten die letzte Zuflucht in Geldverlegenheiten ihrer Bedränger gewesen zu sein. Wenigstens wird aus dem Jahre 1287 von Heidolf, Abt zu Kloster Bergen, berichtet, dass er Schulden halber die grosse Glocke der Klosterkirche und wohl noch anderes Kirchengut den Juden verkaufen musste [7]). Und auch der innere, geistige Zustand der Gemeinde scheint ein wohlgeordneter gewesen zu sein und mit den Zuständen der besseren und grösseren Gemeinden jener Zeit auf gleicher Höhe gestanden zu haben. Wir haben zwar, wie schon bemerkt, beinahe gar keine Nachrichten von jüdischer Seite über die Gemeinde; doch berechtigt wohl zu der obigen Aeusserung der Umstand, dass die Magdeburger Gemeinde mit Meir von Rothenburg correspondirte [8]). Ja selbst mit den Weisen von Frankreich stan-

---

[5]) Siehe Note III.

[6]) Chronic. Magd. ap. Meib. Script. II, 334. Die Schöppenchr. z. d. J. spricht nur von der Vertreibung der Juden.

[7]) Chronic. Bergense ap. Meib. III, 302. Domi Heidolfum urgebat aes alienum adeo ut necesse habuerit vendere aeramentum majus sive campanam Judaeis contraditam.

[8]) S. dessen R. G. A. ed. Crom. Nr. 32 ובשכבר שאלתי ממדבורק.

den die Juden Magdeburgs in wissenschaftlichem Verkehr⁹). Diese Nachricht, die etwa der zweiten Hälfte des 13. Jahrhunderts angehört, ist meines Wissens die erste von jüdischer Seite, in welcher der Gemeinde zu Magdeburg Erwähnung geschieht. Erst seit dem 14. Jahrhundert sind uns **Urkunden** über die Angelegenheiten der Gemeinde erhalten. Die älteste, aus dem Jahre 1312, ist ein Kaufbrief, laut dessen Erzbischof Burchard zur Tilgung seiner Schulden vier Ackerstücke diesseit des Judenkevers, die das Kloster Bergen ihm dazu überlassen hatte, für 100 Mark Stendalischen Silbers den Juden verkauft (s. Beil. I). Es muss demnach die Vertreibung, von der wir oben gesprochen, nicht alle Juden betroffen haben, oder es muss, wenn dies der Fall war, sehr bald die Erlaubniss zur Rückkehr erfolgt sein. Ja es ist aus dem Umstande, welcher auch in der Urkunde angedeutet ist, dass nämlich die Juden jene Ackerstücke zur Erweiterung ihres Begräbnissplatzes bedurften, der Schluss zu ziehen, dass die Gemeinde in dieser Zeit sich vergrössert haben müsse. Aber ihre Restitution sollte den Juden nicht zum Heile gereichen, denn das Ungewitter, das im Gefolge des schwarzen Todes bald nachher über die Juden von beinahe ganz Deutschland hereinbrach, suchte auch die Magdeburgischen Juden heim. Auch sie sollten die Brunnen vergiftet und die Pest herbeigeführt haben. Daher überfielen die Bürger der Stadt im Verein mit den Bauern der Umgegend das Judendorf; nur Wenige fanden ihr Heil in der Flucht oder versuchten es, das Judendorf tapfer zu vertheidigen, aber die Ueberzahl der Feinde obsiegte, das Judendorf wurde geplündert und viele Juden in ihren Häusern verbrannt. Doch ist in dieser Zeit, wo sich fast Alles gegen die Juden erhob, des Erzbischofs Otto und des städtischen Magistrats rüh-

---

⁹) R. G. A. R'Chajim Or Sarua's Nr. 147 וכבר נעשה שישלחו מטירבורק לצרפת וכו׳. Das Gutachten rührt von R. Meir v. Rothenburg her. — Zur Zeit Isaak or sarua's lebte ein Rabbiner Chiskia b. Jacob in M. (Hamaskir 1865, S. 2.)

mend zu gedenken. Sie hatten sich gleich Anfangs der Juden angenommen und ihren Bedrängern zu wehren gesucht, freilich ohne Erfolg. Dennoch retteten der Erzbischof und gleichgesinnte Machthaber aus der Nähe eine grössere Anzahl von Juden und gewährten ihnen bei sich Schutz (1349)[1]. Letzterer Umstand scheint mir für die allgemeine Geschichte der Juden jener Zeit von einiger Bedeutung. Es ist nämlich bis jetzt die Frage nicht gelöst, wo eigentlich die zur Zeit des schwarzen Todes aus den meisten Städten Deutschlands vertriebenen Juden sich wieder festgesetzt und ein Asyl gefunden haben. Nach dem Berichte nun, auf Grund dessen ich diese Schilderung gebe, ist es nicht unwahrscheinlich, dass der Erzbischof von Magdeburg und benachbarte Fürsten — denn solche sind wohl unter den Domini alii terrarum gemeint — auch den Juden aus andern Gegenden Deutschlands eine Freistadt geboten haben. Denn in der That muss die Erbitterung gegen die Juden in und um Magdeburg sich sehr bald gelegt haben, da wir schon zwischen 1361 und 67 in der Nähe des damaligen Erzbischofs Dietrich einen jüdischen Hofbankier Schmoll (Schmuel) mit Namen erblicken[2].

Ueberdies geschieht von denjenigen Chronisten, welche die Judenverfolgungen in Thüringen auf's Genaueste den Städten nach aufzählen, der Verfolgung in Magdeburg, das doch so nahe lag, durchaus keine Erwähnung (wie denn ihrer meines Wissens hier zum ersten Male gedacht

---

[1] Chron. Magd. ap. Meib. II, p. 341. Cum ergo sic Judaei ubique trucidarentur Dominus Otto Archiepiscopus una cum consulibus civitatis nitebantur conservare Judaeos suos sed communitas civitatis simul cum rusticis villarum aduniti irruerunt in villam Judaeorum, quibusdam ex Judaeis fugam petentibus aliis vero sese et villam fortiter defensantibus, tandem communitas praevaluit et capta praeda Judaeos in domibus et cum domibus combusserunt, sed tamen Archiepiscopus et Domini alii terrarum plures ex Judaeis ad se confugientes in castris suis conservarunt.

[2] Hoffmann, a. a. O. I, 279,

worden ist). Es ist also wohl Grund zu der Annahme vorhanden, dass der Einfluss des Erzbischofs und anderer Fürsten den Aufstand bald gedämpft und so die Einwanderung von Juden aus anderen Gegenden Deutschlands in diese Provinz veranlasst habe. Für Magdeburg selbst wenigstens ist eine nicht unbedeutende Vergrösserung der Gemeinde in jener Zeit durch den Umstand sicher gestellt, dass dieselbe 30 Jahre nachher, am 10. Februar 1383, abermals zwei Morgen Landes zur Erweiterung ihres Begräbnissplatzes von dem Abt Johannes zu Kloster Bergen ankaufte. (S. Beil. VI.) Dieser Verkauf wurde im J. 1385 durch den Erzbischof Albrecht bestätigt. (S. Beil. VII.) Nach den in der ersten Urkunde aufgeführten Namen zu schliessen, waren viele Mitglieder der hiesigen Gemeinde aus benachbarten Ortschaften, wie Burg, Stassfurt, Loburg, Calbe, andere aber auch aus entfernteren Städten, wie Tangermünde, Goslar, eingewandert. Indessen wird nur ein Theil der Mitglieder namentlich aufgeführt.

Dürfen wir einer wenig verlässlichen Quelle Glauben schenken, so hätte um dieselbe Zeit, 1384, abermals eine Judenverfolgung in Magdeburg stattgefunden. Es sollen nämlich in diesem Jahre Juden aus der Nähe und Ferne unter sichern Geleite sich nach Weissenfels begeben, dort eine festliche Zusammenkunft gehalten und mit ritterlichen Spielen sich erlustigt haben. Bei der Heimkehr aber wurden sie von Edelleuten des Magdeburgischen Erzstiftes überfallen, gemisshandelt und geplündert, ohne dass ihren Klagen über Verletzung des zugesicherten Schutzes Gehör geschenkt wurde. Hierdurch mag denn die angebliche Verfolgung in Magdeburg angeregt worden sein. Man soll das Judendorf unter dem Vorwande, dass die Juden Ursache der allgemeinen Sterblichkeit wären, überfallen, geplündert und sie selbst verjagt haben. Ein Jahr darauf ward ihnen dann gegen Erlegung von 1000 Mark Silbers an den Erzbischof und von 500 Mark an den Rath der Stadt das Judendorf zurückgegeben. Indessen scheint mir der unklare Bericht über die Zusammenkunft bei Weissenfels, sowie die anachronistische Begründung der Judenverfolgung in Magdeburg — von einer allgemeinen

Sterblichkeit im Jahre 1384 ist sonst Nichts bekannt — hinlängliche Veranlassung, beide Nachrichten anzuzweifeln ³).

Aus dieser Zeit wird bei R. Jacob Mölln ein Gelehrter, R. Isaak in oder aus Magdeburg, erwähnt ⁴). Wirklich muss auch zu dieser Zeit hier ein regsames Gemeindeleben gewaltet haben, und wie aus dem gleich zu erwähnenden Schutzbriefe hervorgeht, scheint hier auch eine Gelehrtenschule gewesen zu sein, welche vielfach von auswärtigen Studirenden besucht war. Der gedachte Schutzbrief war den Magdeburgischen Juden durch Erzbischof Günther im J. 1410 verliehen. Er ist ein beachtenswerthes Aktenstück zur Beleuchtung der damaligen rechtlichen Verhältnisse der Juden und ihrer innern Verwaltung. In demselben (s. Beil. III.) verheisst der Erzbischof den Juden seinen Schutz gegen eine in halbjährigen Terminen zu zahlende Abgabe von vierzig Mark Silbers auf 6 Jahre. Er verspricht ferner, dass alle von christlichen Klägern gegen Juden vorgebrachten Beschuldigungen — mit Ausnahme solcher, die sich auf Betrug, Diebstahl, Mord und Brandstiftung bezögen, falls die Juden dabei in flagranti betroffen würden — nach jüdischem Rechte und vor jüdischen Richtern ausgetragen werden sollten. Wenn ferner bei etwaigen Raufereien zwischen Juden und Christen einer oder mehrere der letzteren verwundet oder getödtet würden, so sollte nicht der Unschuldige, noch etwa die

---

³) Hoffmann I, S. 299. Die Quellen sind die hochdeutsche Uebersetzung der Schöppenchr., und Kranz Wandalia. Vergl. die Nachricht über jüd. Alterthümer in Weissenfels v. Wiggert in „Neue Mitthl. d. Thür.-Sächs. Ver." Bd. VII, Heft 2, S. 86.

⁴) Minhagim Hilch. Chan. ג. ה"ר יצחק במיידבורג. Auch R. Jakob Weil (R. G. A. G.) erwähnt in dieser Zeit die Magdeburger Gemeinde. Sehr richtig zeichnet er das Verhältniss des Merseburger Bischofs zu dem hiesigen Erzbischof einerseits und das des Erzbischofs zu den Juden zu Halle andererseits. ההגמון מטירו״בורק קריב דעהירה טובא לגבי הדגמון ממידבורק והדגמון ממיידבורק מטיל על היודים בהא"ל. R. G. A. 149.

Gemeinschaft der Juden, sondern nur der Schuldige das Unrecht entgelten. Zu einer Zeit, wo es gewöhnlich war, dass man die Juden für den Juden verantwortlich machte, konnte diese Bestimmung eine humane genannt werden. Doch nahm der Schutzbrief davon ausdrücklich die Ansprüche der bischöflichen Kämmerei und des Domes aus; diese zu befriedigen scheinen somit die Juden solidarisch verhaftet gewesen zu sein. Eine fernere Bestimmung verspricht den Juden den Beistand der erzbischöflichen Gerichte zur Eintreibung ihrer etwaigen Geldforderungen, die sie an christliche Gläubiger zu machen hätten. Ausser dem schon erwähnten Schutzgelde waren die Juden von jedweder Steuer befreit; nur in solchen Fällen, wo ausserordentliche Ereignisse besondere Abgaben auch der christlichen Unterthanen nöthig machten, sollten die Juden gleichfalls einen Nachschoss zahlen, und zwar nach Bestimmung zweier von dem Erzbischofe zu wählenden Domherren und zweier von der jüdischen Gemeinde zu bestimmenden Mitglieder. Dagegen verspricht der Schutzbrief sicheres Geleite den „fremden Juden" die aus „fremden Landen zu der Schule oder dem Begräbnissplatze der hiesigen Gemeinde wandern". Ferner sollte, wenn ein Jude irgend Etwas verbräche, derselbe nicht festgenommen werden, sondern sich vor dem erzbischöflichen Gerichte stellen und durch einen auf die Bibel zu leistenden Eid von der Beschuldigung sich reinigen können. Für den Fall aber, dass der Angeklagte der erzbischöflichen Gerichtsbarkeit durch Entfernung sich entzöge, so sollte die Gemeinde denselben mit dem Banne verfolgen, während sein etwaiges Vermögen mit Beschlag belegt werden sollte. Eine Veruntreuung an den mit Beschlag belegten Gütern sollte dadurch unmöglich gemacht werden, dass den betreffenden gerichtlichen Beamten zwei Mitglieder der Judengemeinde als Mitverwalter zugesellt werden sollten. Uebrigens genüge in solchen Fällen, wo die Beschlagnahme über das Vermögen des Inculpaten verhängt werden müsste, auch die Bürgschaft „zweier frommen und gewissen Juden".

So fest indessen Schutz und Gerechtigkeit den Juden

hiermit verheissen war, so wenig war es von Günther ernstlich gemeint. Denn schon im folgenden Jahre (1411) verspürte er nicht übel Lust, dem Beispiele der Markgrafen zu Meissen zu folgen, welche die Juden in ihren Landen aufgegriffen und ihnen „unaussprechliche" Summen Geldes abgenommen hatten [5]).

Allein die Bürger Magdeburg's vereitelten Günther's Vorhaben und standen den Juden bei, aus doppelten Gründen wie der Chronist bemerkt: einmal, weil sie die Juden in Schutz und Schirm genommen hatten, dann aber auch, weil sie ihre Pfänder zu verlieren fürchteten. Indessen, wie zumeist, kam es zuletzt doch auf den Geldbeutel der Juden hinaus: „um des lieben Friedens willen" gaben die Juden dem Bischof 600 Gulden — und man liess sie in ihrem Besitzthume [6]). Aber sie sollten sich seiner nicht lange mehr erfreuen, denn dies Jahrhundert, das für einen grossen Theil der damaligen Judenheit — die spanischen Juden — so verhängnissvoll ward, führte auch das Ende der hiesigen Gemeinde herbei.

Ueber die Vertreibung der Juden aus Magdeburg, ihre

---

[5]) Hoffmann a. a. O. I, S. 344, setzt Günther's Vorhaben ein Jahr früher an, als wenn der Schutzbrief nicht gebrochen, sondern vielmehr erst nachdem er die Absicht einer Judenverfolgung aufgegeben, ausgestellt wäre. Indessen ist diese Annahme durch Nichts begründet. Die Schöppenchr. sagt ausdrücklich, dass die Plünderung der Juden im J. 1411 erfolgen sollte, und der Schutzbrief ist vom J. 1410. Auch erwähnt der Schutzbrief nur die 40 Mark jährlicher Steuern, während die Juden im J. 1411 doch noch 600 Gulden geben mussten. (Vergl. weiter.)

[6]) Schöppenchr. z. J. 1411. In dissem jar na sunte martens dage leten de markgreuen van myssen alle or joden upgripen de se in oren landen hadden vnd nemen on velo geldes vnd ghudes dat vnspreklik was. Dit vornam bisschop Ghünter vnd wolde de yoden in dem yodendorpe ok up gripen laten. Des wolden de borger nicht staden umme den willen dat se de yoden in bescherm genommen hadden Vnd ok dar vmme dat vnsen borgheren ore pande (Pfänder) nicht affengingen Also doch vmme vredes willen ghouen de yoden dem bischope seshundert gulden dar mede bleuen se ungheuangen.

Ursachen und die damit zusammenhängenden Umstände sind uns die einschlägigen Urkunden in verhältnissmässig so grosser Anzahl (Beil. V, VI, VII, VIII, IX.) und in solcher Vollständigkeit erhalten worden, dass man dieselben als einen höchst werthvollen Beitrag zur Kenntniss der mittelalterlichen Geschichte der Juden betrachten kann. Denn wenn sie auch zunächst nur auf ein sehr beschränktes Gebiet sich beziehen, so geben sie doch ein klares Bild von jener eigenthümlichen, so oft wiederkehrenden Erscheinung, in welcher wir die zuweilen auf die kleinlichsten Vorfälle sich stützenden Beschuldigungen durch gehässige Entstellung und fanatische Uebertreibung wie zu einem finstern Gewölk angehäuft sehen, das dann mit vernichtender Gewalt über ganze Judengemeinden sich entladet.

Es war das Episcopat Ernst's von Sachsen, der von 1476—1513 regierte, unter welchem die letzte Stunde der hiesigen Judengemeinde schlagen sollte. Bei dem Einzuge und der Huldigung dieses Erzbischofs (1476) machten sich auch die Juden bemerklich. „Item" — so bemerkt der Chronist[7] — „vor dem thore jnwendig der Sudenburgk ist die Judisheit mit groszen Kertzen dem postulirten entgegen gangen, mit Moysisbuche, daszelbte Moysisbuch sie seynen gnaden fürgehalden haben, das dann seyne gnade durch Hugolden von Slinitz, Hertzog Ernstes von Sachsen seynes Vaters Ober Marschalgk entpfangen, vnd den Juden widerreichen laszen hat." Kaum war indessen der Erzbischof, der bei seinem Amtsantritte noch sehr jung war, zu einiger Selbstständigkeit gelangt, so offenbarte sich auch in ihm eine Gehässigkeit, oder doch eine Voreingenommenheit gegen die Juden, welche die seiner Vorgänger noch übertraf. Bei einem ganz unbedeutenden Anlasse kam sie zum Ausbruch. Nach einem wahrscheinlich für einen Rath des Erzbischofs ausgefertigten Berichte des Möllnvogts, d. i. des Erzbischöflichen Justitiars, der sicher nichts Nachtheiliges verschwiegen

---

[7] Bei v. Dreyhaupt Beschreib. d. Saalkreises I., S. 163.

oder den Juden günstig dargestellt hätte, so wie nach einem Immediatberichte desselben (Beilage V. und VI.), waren zwei Juden kurz nach Ostern des Jahres 1492 aus Magdeburg gen Nürnberg geritten. Unterwegs, etwa eine halbe Meile von Magdeburg, stiessen sie auf zwei Barfüssermönche, einen Priester und einen Laienbruder. Da nun das Pferd des einen Juden, wie es scheint vor dem Anblick der Mönche scheu geworden und mit seinem Reiter durchgegangen war, so entstand zwischen diesem, nachdem er seines Pferdes Herr geworden, und den Mönchen ein Wortwechsel, wobei der Jude den Priester verwegen anfuhr und sein Schwert, wie zum Angriffe, halb aus der Scheide zog. Allein sein Begleiter verwies ihn wegen seines Betragens mit den Worten: Du Narr, sieh, dass Du uns beide zu Schaden bringst! Damit ritten die Juden, „ohne dass eine Verletzung geschehen war," ihres Weges weiter. Nachdem dann der Möllnvogt, dem die Angelegenheit bald kund ward, die Juden verfolgt aber nicht eingeholt hatte, kam er mit dem Dompropst überein, die Sache geheim zu halten, damit die Juden nicht etwa durch das Gerücht, dass man auf sie fahnde, von der Heimkehr abgehalten würden und so der Strafe sich entzögen. Dieser Beschluss ward auch den beiden Vorstehern der Judengemeinde mitgetheilt. War die Angelegenheit so schon wichtiger, als nöthig war, behandelt worden, so sollte sie gleich die Bedeutung eines haarsträubenden Verbrechens gewinnen: Denn am Sonntage darauf machte der Mönch die Begegnung mit den Juden, „die er grösser, als sie an sich war, darstellte," zum Gegenstande seiner Predigt, „denn da die Vögte und Gewaltigen nicht darum thäten, so müsse er Solches seinen Brüdern den Schmiedeknechten, Schustern und Anderen klagen, damit sie für die Unbill an den Juden Rache nähmen." Damit war der Funke hingeworfen, der den überall angehäuften Brennstoff des Judenhasses zu lichterloher Flamme entzündete. Denn noch am selben Sonntag rotteten sich die „Schmiedeknechte" in grosser Anzahl auf dem Neumarkte (Domplatz) zusammen, verwundeten einen Juden bis in den Tod und trieben die Andern, die zufällig dort anwesend waren, vom Platze. Der Möllnvogt, der als der Vertreter des zur Zeit in Halle weilenden Erzbischofs der Schutzherr der Juden war, that nun alles Mögliche, um das heraufziehende Ungewitter von der Judengemeinde abzuwenden. Er begab sich sofort zu dem Guardian in das Barfüsserkloster, liess die Aeltesten und den Mönch, der den Aufruhr veranlasst, rufen und sagte dem Letzteren, „dass ihn eine solche leichtfertige Predigt, daraus Mord und allerlei Böses entstehen könnte, Wunder nehme." Der Mönch aber versuchte sich „mit etlichen Worten taliter qualiter zu entschuldigen." Von hier begab sich der Möllnvogt dann zu den Schmiedeknechten, welche der Verdacht, als ob dieser der Juden sich annehmen wollte, so sehr gegen ihn aufbrachte, dass er in seinem Berichte gesteht: „Ich hätte wohl zehn Gulden gegeben, wenn ich von ihnen geblieben wäre." In der That versteckte er denn seine, wie es scheint, aufrichtige Theilnahme für die völlig unschuldigen Juden hinter seine Pflicht, die Rechte des Erzbischofs zu vertreten, und indem er — scheinbar — zugab, dass ihn die Juden wenig kümmerten, wies er andererseits darauf hin, dass der Schauplatz des Ueberfalles, der Neumarkt, erzbischöfliches Territorium wäre, dessen Freiheit er aufrecht zu erhalten habe; mithin müsse er die Uebelthäter festnehmen und ihnen den Prozess machen. Allein durch diese Wendung gestaltete sich die Sache zu der wichtigen Frage eines Competenzconflictes, und wieder waren es die Juden, an denen man den Muth kühlte. Während nämlich doch endlich die „Schmiedeknechte" nachgegeben und die Uebelthäter an den Möllnvogt ausgeliefert hatten, fühlte sich der Magistrat der Stadt in seiner Gerechtsame gekränkt und reclamirte die Gefangenen mit dem Bemerken, dass ihm die Bestrafung derselben, als Einwohner der Stadt, zustände. Die Competenzfrage wurde in langer und heftiger Sitzung zwischen dem Magistrate und dem Möllnvogt auf dem Rathhause verhandelt und man einigte sich endlich dahin, die Angelegenheit in dem status quo bis zur Kenntnissnahme des Erzbischofs und seiner Aeusserung darüber zu belassen. Inzwischen aber hatte der Magistrat nichts Eiligeres zu thun, als den Juden, obwohl sie der Sache, wie sie jetzt stand, gänzlich fern gerückt waren, „die Stadt zu verbieten," — eine Massregel, die natürlich nicht wenig dazu beitrug, die „Schmiedeknechte" in ihrem Uebermuthe zu bestärken. Es ist höchst interessant zu sehen, wie selbst der Möllnvogt von ihnen eingeschüchtert ist. „Ich stehe" — sagt er — „grosse Abenteuer und Gefahr aus vor den Schmiedeknechten. Ich darf kein Pferd vor der Schmiede beschlagen lassen." — Unterdessen hatten aber die Vorsteher der Judenschaft, Abraham und Kanolt, am 8. April 1492 ein Bittschreiben an den Erzbischof nach Halle abgesendet (Beil. VII.),[8]) in welchem sie den bisherigen Verlauf der Sache, wie oben geschildert, darstellen, insbesondere aber als Schützlinge des Erzbischofs denselben ersuchen, das Verbot des Magistrates aufzuheben und sie weiterhin zu beschirmen, damit, wie sie sagen, „sie vor den Schmieden und Schuhknechten ihres Leibes nicht in Gefahr ständen."[9]) Der Erzbischof scheint auch den Juden Gehör gegeben zu haben, denn der Möllnvogt berichtet weiter, dass zwar der Rath der Stadt auf ein an denselben gerichtetes Schreiben des Erzbischofs sein Verbot, wiewohl ungern, zurückgenommen habe, dass aber schon Tags darauf einige Juden, welche auf dem Wege nach Burg die Stadt passirten, daselbst geschlagen, geworfen und gejagt worden seien. So stand die Sache um Johannis des Jahres 1492. Der Möllnvogt berichtet dann noch, dass einer von den beiden Juden, welche an der Affaire mit den Barfüssermönchen betheiligt waren, wie er höre, zu Eisleben gefangen genommen sei, dass er Beider Vermögen mit Beschlag belegt habe, und dass es bei der Beschlagnahme, so wie bei der Haft der „Schmiedeknechte" bis zur Rückkunft des Erzbischofs verbleiben solle.

---

[8]) Die Bittschrift ist merkwürdigerweise von Sonnabend datirt.

[9]) In einer Anlage beschweren sie sich auch über drückende Neuerungen des Dompropstes und bitten um Abhülfe (Beil. IX.).

Weiter erfuhren wir von dem Verlauf der Sache und von den Juden überhaupt bis zu ihrer etwa neun Monate später erfolgten Austreibung Nichts. Aber es ist unschwer, die Lücke durch Combination auszufüllen. Da sowohl die Stadt, wie die Geistlichkeit gegen die Juden aufgebracht war, so werden Beide Nichts versäumt haben, auch den Erzbischof gegen die Juden einzunehmen. Und gar grosser Mühe wird es nicht bedurft haben; denn bei allem Rechtsgefühle, das den Erzbischof beseelt zu haben scheint, war er doch den Juden abhold genug, um den allerlei erdichteten und grundlosen Beschuldigungen, welche man gegen sie erhob, Glauben zu schenken. Denn dass auch hier böswillige Erdichtung und gehässige Uebertreibung das Meiste gethan, geht aus dem Austreibungsedicte hervor, in welchem gesagt wird, dass die Juden „sehr ungebührliche Handlungen wider die heilige Kirche und erzbischöfliches Gebot und Ordnung mannichfaltig geübet." Wäre es der Fall gewesen, dass die Juden ausser der Affaire mit den Mönchen — welche übrigens von dem Möllnvogt selbst als eine ganz unschuldige Begegnung hingestellt wird — noch eines anderen Vergehens sich schuldig gemacht hätten, so würde dasselbe sicher nicht verschwiegen worden sein. Und ist es denkbar, dass die Juden nach jener Begegnung mit den Mönchen unvorsichtiger Weise irgend eine Schuld auf sich geladen und so die ohnehin schon gereizte Stimmung noch mehr erbittert haben sollen? Vor jenem Ereignisse aber wird sicher von den Juden kein Unrecht verübt worden sein, da wir noch nach demselben den Erzbischof auf der Seite der Juden ihre Rechte gegen den Rath der Stadt wahrnehmen sahen. Uebrigens wird auch durch eine alte Nachricht die Vermuthung bestätigt, dass ein feindseliger Sinn allerlei Beschuldigungen gegen die Juden zusammengetragen habe.[1] — Kurz, dasselbe Jahr, das

---

[1] Fabricii Origin. Saxon. l. VII., p. 796. Accusabantur ejusdem imperio variis de causis Ebraei, qui negociabantur in dioecesi Magdeburgica: quos cum suis fuisse populis gravissimos diligenti inquisitione

den spanischen Juden die Verbannung brachte, führte auch — wenigstens der Ursache nach — das Ende der Magdeburgischen Judengemeinde herbei. Die eigentliche Vertreibung erfolgte erst ein Jahr später, 1493, und unter Umständen, die immerhin — für jene Zeit wenigstens — Zeugniss eines billigen Sinnes sind. Der Erzbischof liess nämlich den Juden „ihre Häuser, Güter und Gerechtigkeit" durch den Rath der Sudenburg, die dafür in den Besitz des Judendorfes trat, bezahlen (Beil. VIII.). Ein solches Verfahren kann vielleicht im Hinblick auf die Massregeln anderer Fürsten jener Zeit die Bezeichnung eines Chronisten „Pietas in pellendis Judaeis" verdienen. Auf der andern Seite war der Erzbischof doch so sehr gegen die Juden eingenommen, dass er auch, wiewohl vergeblich, den Bischof zu Merseburg zur Nachahmung seines Beispiels zu bewegen suchte. Dort hatte man indessen schon früher mit den Juden aufgeräumt, und den einen annoch dort wohnhaften Juden wollte der Bischof um so weniger verstossen, als seine Vorfahren daselbst immer Juden „zu Gedächtniss des Leidens Gottes" gehalten hätten (Beil. X.). Somit musste sich der Erzbischof auf sein Erzstift beschränken. Ueber 1400 Personen mussten aus dem Judendorfe auswandern.[2]) Auch eine Form der Quittung ist uns aufbehalten (Beil. IX.), in welcher die Vorsteher Zcadach von Brandenburg, Abraham von Egeln und Kanolt Namens der Uebrigen und „weil sie sämmtlich kein Insiegel hätten" durch Namensunterschrift den Empfang der Bezahlung bescheinigen. Einen betrübenden Eindruck macht die den von Haus und Hof vertriebenen Juden aufgedrungene Formel: **„dass der Rath der Stadt Sudenburg ihnen ihre Güter und liegenden Gründe recht und redlich hätte abgekauft und mit bereitem Gelde wohl zu danken vergnügt und bezahlt, und dass der gnädigste Herr von**

---

cognosceret, o tota dioecesi eos expulit. S. Hoffmann a. a. O. S. 441, Anm. 2.

[2]) Hoffmann a. a. O.

Magdeburg ihnen solches Geld für ihre Güter gnädiglich folgen lassen, dass sie seinen Gnaden unterthänig danken." Es war dies die letzte Aeusserung der länger als fünf Jahrhunderte hier sesshaft gewesenen Gemeinde. Die jüdische Synagoge ward in eine Kapelle, unter dem Namen Marienkapelle umgewandelt, und das Judendorf empfing davon den Namen Mariendorf.

III.

Wenngleich hiermit die Geschichte der alten Magdeburgischen Gemeinde beendet ist, so erscheint doch nicht unnütz, aus den spärlichen Documenten, so weit möglich, die Gesinnung zu entnehmen, welche die Stadt und ihre Leiter nachmals gegen die Juden überhaupt bis zu der Wiederansiedelung einer jüdischen Gemeinde beseelte. Es zeigt sich auch hier der Siegeslauf, in welchem Aufklärung und echte Toleranz über die Hindernisse der Unduldsamkeit und confessionellen Beschränktheit hinweg unaufhaltsam vordringen. Ob seit der Austreibung durchaus kein Jude in Magdeburg sich hat ansiedeln dürfen, lässt sich, da bekanntlich das städtische Archiv bei der Zerstörung (1631) gänzlich verloren gegangen, nicht bestimmen. So viel aber ist gewiss, dass seit der Eroberung kein Jude hierorts sich besetzen durfte. Der Magistrat bezeugt dies in einem unter dem 24. April 1700 auf eine höhern Ort erfolgte Anfrage nach der Zahl der jüdischen Einwohner erlassenen Schreiben, mit den bemerkenswerthen Worten, „dass aus hierzu bewegenden trifftigen Ursachen und der bisherigen Observanz nach von Zeit der Eroberung her keinem Juden verstattet worden, sich in dieser Stadt zu stabiliren." Andererseits aber war der Magistrat sorgfältig bedacht, die durchreisenden Juden durch Erlegung des damals üblichen Leibzolles — der hier 12 gute Groschen betrug — in Contribution zu setzen, und als ein Halberstädtischer Jude durch einen Churfürstlichen Pass, den er erhalten, von dieser Steuer sich befreit erachtete, legte der Magistrat die Angelegenheit höchsten Orts zur Entscheidung vor, welche von dem grossen Churfürsten in einer Cabinetsordre d. d. 6. Juni 1678 niedergelegt wurde, worin es heisst, dass er ersehen habe, „welchergestalt ein Halberstädtischer Jude, Nahmens David Samuel, in Krafft des jüngsthin erhaltenen Paszes zu merklicher Schmälerung Ewer Stadt Intraden die Befreyung von allem Abtrag von seinen treibenden Commercien prätendiren wolle." Der Churfürst entscheidet aber dahin, dass der Magistrat „denselben, ohngehindert solches paszes, zum Beytrag von seiner Verkehrung gebührender maszen anhalten könne." Trotz solcher Entscheidung drohte dem Magistrat bald wiederum bei der Einnahme seines Judenzolles arge Verkürzung. Es hatten sich nämlich „die von Hamburg nach Leipzig reisende Hochteutsche Juden" bei Sr. Churfürstlichen Durchlaucht, dem nachherigen König Friedrich I. beschwert, „alsz ob der Magistrat ihnen bey ihrer Durchreise gantz neuerlicher Weise einen Zoll (ausser dem gewöhnlichen Judenzoll) abforderte." Nachdem dann der Churfürst auf diese Beschwerde hin den Magistrat angewiesen hatte, dass er „solche neuerliche Auflagen so fort abestellen solte," beruft sich derselbe in einem Gesuche d. d. 28. Sept. 1688 auf das althergebrachte Recht und insbesondere auf die — oben erwähnte — Entscheidung des grossen Churfürsten, nennt die Beschwerde wegen einer neuen Auflage „falsa narrata" und bittet endlich, „sie (die Juden) zu schuldigen Abtrag des gewöhnlichen Juden-Zolls ernstlich anzuweisen; Es müszen doch selbigs, wie sie selbsten in ihren sonst ungegründeten Supplicato gestehn, dergleichen bey allen Zollstätten thun, erwächszet auch deswegen dem Commercio eben kein besonderes Nachtheil, und ist die arme Stadt dieser ihrer allewege geruhig genoszenen Intraden zum höchsten benöthigt." Auf dieses Gesuch hin erklärte dann der Churfürst in einer Cabinetsordre d. d. 3. Oct. 1688 „nachdem aus den eingesandten attestatis gnugsam erhellet, dasz die Stadt bey Hebung solchen Juden Zolles in quieta quasi possessione von vielen Jahren hero befindlich, dieselbe dabei zu mainteniren." Dass der Magistrat der Ansiedelung von Juden nicht geneigt war, lässt sich denken; selbst der eine oder andere in der Sudenburg und Neustadt wohnende Schutzjude musste Leibzoll bezahlen. Es war freilich eine Zeit, in welche die Schatten des Mittelalters noch hineinragten. Im ganzen Herzogthum Magdeburg wohnten damals — mit Ausnahme von Halle — kaum zehn Schutzjuden, je einer zu Alsleben, Burg, Egeln, Sandau, Stassfurth, Jerichow, Genthin und Löbechün. (Der am letztgenannten Orte nennt sich „Isr. Nathan, Cantor und Schächter bei der Judenschaft in den drei Leipziger Messen.") Da ein Schutzbrief meist nur einer Familie das Wohnrecht verlieh, so wurden Verwandte, etwa ein Bruder oder Schwiegersohn in der angeblichen Eigenschaft von „Bedienten", als „Privatschulmeister, Cantoren, Todtengräber" eingeschmuggelt. Diese Zustände übten auf die Juden selbst nicht selten einen entsittlichenden Einfluss. In Jerichow, wo sich neben einem mit einem Schutzbrief versehenen Juden ein anderer „unvergleiteter" niedergelassen hatte, verfolgte ersterer die Verweisung des letzteren mit einer wahrhaft hartnäckigen Beharrlichkeit. In den bis auf den Namen und Wohnsitz meist gleichlautenden Schutzbriefen findet sich zum Schlusse die interessante Stelle: „Vor allen Dingen aber soll Er und die Seinigen sich alles blasphemirens lästerens Unsers Erlösers und Herrn Jesu Christi wie auch Unsers Christlichen Glaubens bey harter Straffe enthalten, auch dem So mehr allerhöchst gedachte Sr. K. M. wegen des Gebehts Allenu Leschabbeach verordnet haben allergehorsamst nachkommen." Mit welcher Aengstlichkeit der Magistrat von Magdeburg, dieser in der Reformationszeit „unsers Herrn Gottes Canzlei" zubenannten Stadt, ihr altes „Recht", den Juden Aufenthalt und Wohnsitz zu versagen, noch im Jahre 1717 bewachte, möge ein Schreiben beweisen, welches derselbe auf die höchsten Orts ergangene Aufforderung „die bishero unvergleiteten Juden binnen 8 Tagen wegzuschaffen, und wie solches geschehen nachgehend zu berichten" am 4. Sept. des erwähnten Jahres an den König richtete, und in welchem es heisst: „Nun ist diese Stadt durch besondere Gnade Sr. Königl. Majest. und Dero preiszwürdigster Vorfahren bei der Freyheit gelaszen worden, dass

kein Jude sich in dieser Stadt aufhalten, noch etabliren
dürffen, welche hohe Königl. Gnade wir aller-
unterthänigst preisen. Ob aber der Jude in der
Neustadt, welcher sich erst vor kortzer Zeit zu groszem
Schaden dieser Stadt daselbst niedergelaszen,
und fast täglich mit seiner Frauen und Sohne in
der Stadt hausiren gehet, unter die vergleiteten mit
zu rechnen, davon wohnet uns keine eigentliche Wissenschaft bey." Wir haben es uns nicht versagen mögen,
dieses Schreiben hierher zu setzen: es ist ein Zeugniss
finsterer Vergangenheit, bei dessen Anblick die Gegen-
wart den Genuss fortgeschrittener Bildung und erleuch-
teter Gesinnung um so inniger empfindet. Erst 1720 be-
kam ein Jude, Gumpert mit Namen, das Recht, in Magdeburg zu wohnen. Seit jener Zeit haben immer einzelne
Schutzjuden hier gewohnt. Die jetzige Gemeinde datirt
ihr Entstehen als solche erst aus den ersten Jahren dieses Jahrhunderts.

Note I.
Ueber die angebliche Affaire des Juden Salomo zu
Magdeburg i. J. 1266 (67).

Wenngleich der vorliegende Gegenstand grade kein ange-
nehmes Object für eine wissenschaftliche Untersuchung ist, so
bleibt doch der Werth der Wahrheit überall derselbe und um
ihretwillen halte ich eine Darlegung und Begründung meiner
Zweifel an der Glaubhaftigkeit der Quellenberichte für nicht
überflüssig. Mustern wir zunächst diese selbst. Der verläss-
lichste unter allen ist unstreitig der der Schöppenchronik, da
sie an Ort und Stelle und jedenfalls nicht allzulange nach dem
angeblichen Vorfalle niedergeschrieben ist. Dieselbe sagt z. J.
1267: Ok geschah by düsses bischopes tyden dat ein jode an
dem sonnavende vel in ein private oder heimlichkeit. Dem wolden
de andern joden nicht ut helpen uppe dat se ör vyr (feier) nicht
en breken des sabbates. De mere kemen vor den bischop, he
bot den joden se scholden synen sabbat den sondag ok fyren

by synen hulden und den ok mit deme stinkenden joden nicht unfledigen (verunfläthigen). Also moste de jode den anderen dag ok in der privete unde in der rachen (?) liggende bliben ane Hülpe. Cranz, der um 1500 schrieb, malt den Vorfall (a. a. O.) noch weiter aus und schliesst höchst interessant: Sedebat interim Judaeus in paedore et periculo duobus diebus ac noctibus, ut pertinaciam suam agnoscerent improbi homines qui occidentem litteram sequuntur et illi pertinaciter inhaerent non ferentes de facie Mosis tolli velamen ut quid subtus sit inspiciant. Auch Joseph hacohen (Emek Habacha, S. 44 der Uebers. v. Dr. M. Wiener) berichtet den Vorfall, wie er selbst sagt, nach einem christlichen Schriftsteller, nur dass er das Jahr 1272 angibt und statt des Magdeburgischen Erzbischofs den Papst bei dem Vorfalle betheiligt sein lässt. Doch fügt er schon den bemerkenswerthen Zusatz bei: „Denn er (der Papst) glaubte jenen Leuten", womit er selbst (Joseph hacohen) unzweifelhaft ein Bedenken gegen die Thatsächlichkeit des Vorfalles äussern will. Ich glaube, dass dieser Bericht Joseph hacohen's Herrn Dr. Wiener eher hätte veranlassen müssen, den Vorfall in das Reich der Fabel zu verweisen, statt dass er durch eine Collation mit Cranz und Botho das Factum, den Namen des Erzbischofs und den des Juden ein für alle Mal sicher gestellt glaubt (Histor. Jahrb. S. 210 f.) — Es existirt aber noch eine andere Version sowohl über die Zeit, wie über die Form der Begebenheit. Nach Einigen soll dieselbe zweihundert Jahre später, unter dem Erzbischof Ernst stattgefunden haben, also zwischen 1476 — 1513 (Boysen, Allg. histor. Mag. II, 39. Schudt, Merkwürdigkeiten II, 264. Schudt begeht hier die Confusion, die Begebenheit um 1270, dabei unter dem Erzbischof Ernst anzusetzen und diesen überdies zu einem gebornen Grafen von Sternberg zu machen!). Ueber die Form des Vorfalls herrscht insofern eine Meinungsverschiedenheit, als Einige im Gegensatze zu der obigen Darstellung den Juden selbst des Sabbathes wegen sich weigern lassen, Hülfe anzunehmen. Nur auf diese Darstellung passen die Spottverse (Schudt a. a. O., Hist. Jahrb. a. a. O.):

Sabbata sancta colo, de stercore surgere nolo,
Sabbata nostra quidem Salomon celebrabis ibidem!

Nach dem zuerst gegebenen Berichte haben diese Verse offenbar keinen Sinn, und ich wundere mich gleichfalls, dass Hr.

Dr. W., der nur jenen anführt, an der Fassung des Spottgedichtes keinen Anstoss nimmt. Bleiben wir indessen vorläufig hierbei stehen! Mein Zweifel an der Sache wurde ursprünglich durch die Unklarheit angeregt, welche beide Erzählungen in Betreff der jüdischen Satzungen offenbaren. Es gibt nämlich, wie mir jeder Kenner derselben bezeugen wird, kein Gesetz, das den Juden verbietet, einen Andern aus der unglücklichen Situation, in welcher jener Salomon angeblich sich befunden, zu befreien, am allerwenigsten aber ein solches, das einem Juden sogar die Pflicht auferlegte, in diesem Falle Hülfe abzuwehren und ein so unsauberes Martyrium auf sich zu nehmen. Vielmehr fiel mir, als ich die Erzählung von jenem Vorfalle zum ersten Male las, sofort die Stelle Matth. 12, 11 ein: Welcher ist unter Euch, so er ein Schaf hat, das ihm am Sabbath in eine Grube fällt, der es nicht ergreife und aufhebe? — und ich hielt jenen Vorfall für eine auf Grund dieser neutestamentlichen Stelle angelegte Fabel, bestimmt, die strenge Sabbathfeier der Juden lächerlich zu machen*). Nun finde ich in der That bei Schudt, da wo er von jenem Vorfalle spricht (a. a. O.), jenen Vers aus Matthäus gleichsam als Einleitung angeführt, was wenigstens so viel beweisen mag, dass eine Ideenverbindung zwischen demselben und der in Rede stehenden Erzählung nicht zu den Unmöglichkeiten gehört. Man höre aber weiter! Schudt erzählt auch (das.), dass um dieselbe Zeit derselbe Vorfall bei Theokesbery in England sich ereignet haben soll. Eodem tempore (1260) apud Theokesbery, quidam Judaeus cecidit in latrinam, sed

---

*) Man muss nämlich wissen, dass sich die Frage Jesus' zwiefach beantworten lässt, obgleich die Fassung offenbar ein Ja erwartet. R. Lipman Mühlhausen (s. Buxtorf Synag. jud. S. 383) verneint die Frage, und dieselbe Antwort mögen auch wohl früher und später andere Rabbinen bei Gelegenheit von Disputationen gegeben haben, — ein Umstand, der zur Verhöhnung der Sabbathfeier und zur Erfindung lächerlicher Conflicte leicht Anlass bot. In der Sache selbst hat zwar R. Lipman für seinen Zweck ganz Recht, indessen bietet die entsprechende Verordnung bei praktischen Vorkommnissen genügende Auskunftsmittel, so dass man jene Frage mit gutem Rechte auch bejahen kann. S. Orach chajim 305, 19.

quia tunc erat Sabbatum, non permisit se extrahi, nisi sequente die dominica, propter reverentiam sui Sabbati, quamobrem Judaeum contigit mori in foetore. (Nach englischen Quellen!) Ich glaube, so verschiedenen Angaben und so vielfachen Widersprüchen gegenüber, muss man sich zu der Alternative bekennen, entweder die Existenz eines besondern Unsterns anzunehmen, der zu derselben Zeit an verschiedenen Orten Juden mit demselben tragikomischen Unglück heimgesucht und mit derselben Blindheit geschlagen, oder den ganzen Vorfall in das Reich der Erfindung zu verweisen. Aber eine so schmutzige Erfindung! Ich weiss nicht, ob es nöthig ist, diesen Charakter zu erklären, aber auch dafür versieht uns Schudt mit genügender Andeutung. Er berichtet (das.) aus Lucius Marineus Siculus L. 19 de Rebus hispanis f. m. 962. Illud autem de Judaeorum turpitudine, quamvis obscoenum, non omittam. Siquidem interrogati Judaei quidnam Sabbato facerent ociosi, anum, respondebant, Sabbato nihil agentes digitis purgamus. O gentis ignarae foedissimam turpitudinem! respondebant hoc mihi Judaei sapientiores ipsorumque sacerdotes; nonne die festo melius est, hominum curare salutem, et coecos sanare, quam in tam foedam corporis partem digitos immittere. Zunächst beachte man, wie hier ganz deutlich ein Vergleich gezogen wird zwischen der Aeusserung der Juden über die Art ihrer Sabbathfeier und derjenigen Behandlung, welche Jesus (nach Matth. a. a. O.) dem Sabbath zu Theil werden liess. Es mag nun sein, dass wirklich ein Jude oder mehrere, von römischem Bekehrungseifer geplagt, diese zwar etwas derbe, aber unter Umständen verzeihliche Antwort gegeben haben, um ihre Frager, die ja überdies eine befriedigende Antwort gewiss nicht hören wollten, los zu werden: jedenfalls war sie geeignet, einer judenfeindlichen Phantasie die willkommensten Erfindungen zur Verspottung der jüdischen Sabbathfeier einzugeben. Und war die Phantasie einmal auf das Gebiet des Obscoenen gerathen, was hinderte sie, eine Mähr, wie die von dem in Rede stehenden Vorfalle, auszugebären? Während man von der einen Seite die Fabel von der Anwendung des Christenblutes erfand, um die Wuth des Pöbels zu entflammen, so wird man von der anderen Seite komische Vorfälle erdacht haben, um seine Lachmuskeln zu reizen. Und eine solche auf die Verhöhnung der Juden und ihrer Sabbathfeier abzielende Erfindung wird in der vorliegenden Begebenheit derjenige erkennen, dem die verschiedenartigsten Angaben über die betheiligten Personen über die Form, die Zeit und den Ort, sowie die offenbare Unkenntniss der einschlägigen jüdischen Satzungen hinlängliche Beweggründe sind, die Thatsächlichkeit derselben in Abrede zu stellen.

Note II.

Ueber die Spottbilder auf die Juden in der Umgebung Magdeburgs.

Wir haben im Texte die in dem Magdeburger Dom befindliche Composition einer Sau mit Juden nach Brandt a. a. O. beschrieben und wollen hier noch darauf hinweisen, dass auch in der Umgebung Magdeburgs ähnliche Spottbilder sich befinden. Wir halten dies umsoweniger für überflüssig, als die Spottbilder in weiteren Kreisen schwerlich bekannt sein dürften und ihr Vorkommen ein unzweifelhaftes Zeugniss dafür ist, dass an denjenigen Orten, wo sie sich befinden, Juden gewohnt haben müssen. Denn wozu sonst sollte man ein Spottbild machen, wenn es der Betroffene nicht zu Gesicht bekommt? — In Zerbst im Anhaltischen ist gleichfalls auf einer Säule an der Aussenwand einer Kirche das Bild einer Sau eingegraben. Eine grössere Composition befindet sich in Wittenberg. Ueber dem Bilde befindet sich die Inschrift: Rabini Schemhamphoras. Luther hat von dem Bilde eine Deutung und Beschreibung gegeben, die wir indessen besser nach der Uebersetzung geben, welche sich in der Schrift De Schemhamphorasch usu et abusu apud Judaeos Witeberg. 1596 befindet. Es heisst das. Est hic Witebergae ad templum Parochiale porca saxo incisa, sub qua procumbentes porcelli et Judaei sugunt: Post porcam est Rabinus quispiam, qui porcae pedem attollit dextrum, sinistra vero manu caudam illius elevat, et inclinato corpore, summo studio sub caudam suis, in Thalmud prospectat, non aliter ac si quippiam eximii atque acuti cognoscere atque legere sibi constituisset. Ex illo procul dubio scrofae Thalmud habent hodierni Judaei mysteria sua Schemhamphorasch. Nam ante haec tempora in his regionibus quam plurimi habitarunt Judaei, hoc demonstrant nomina oppidulorum, vicorum, civium et rusticorum, quae Hebraea sunt etiam num hodie. Consentaneum igitur est vero, virum quempiam religiosum fuisse, cujus consilio et suasu hoc Porcae simulacrum fuerit sculptum: qui impurissimorum Judaeorum hostis fuit. Ita enim consuevimus apud Germanos de illis qui sesquipedalia verba sonant, et turgidam sapientiam absque re ostentant: Unde huic tanta sapientia, ubi legit hanc, in Podice, sine verecundia satis rustice, scrofae. Soweit Luther. Das Bild sieht — sagt Schudt a. a. O. II, 261 — nach der Strasse, so noch heute die Judengasse heisst. Ob die Strasse noch heute den Namen führt und das Bild sich noch an der Kirche befindet, kann ich nicht sagen. Ich lasse es dahingestellt, ob die Deutung Luther's das Richtige treffe. Das angeführte Büchlein — das übrigens auch eine Abbildung der Composition zeigt — will den Ursprung solcher Spottbilder auf Hadrian zurückleiten, der über ein Thor in Jerusalem ebenfalls das Bild einer Sau habe setzen lassen. Jedoch scheint eine Anzahl lateinischer Verse unter dem Bilde in Wittenberg auf die Deutung Luther's hinzuweisen, insofern darin die Kabbala und die mystische Kraft des Schemhamphorasch lächerlich gemacht wird. Meinerseits möchte ich noch die Frage anregen, ob vielleicht die jüdisch-deutsche Bezeichnung für das Repetiren talmudischer Lectionen „Chasern" bei den Christen an Chasir, Schwein erinnert und so für dergleichen Spottbilder, die in ganz ähnlicher Conception sich auch zu Frankfurt, Salzburg und in einigen andern Städten befinden sollen, den ersten Anlass gegeben hat (s. Schudt a. a. O.). Uebrigens beachte man, was Luther in der angezogenen Stelle über die frühe Anwesenheit von Juden in der hiesigen Provinz sagt.

Note III.

Armleder und die Juden zu Magdeburg.

Ich habe im Texte die Judenverfolgung im J. 1287 und ihre Ursachen nach der Schöppenchronik ohne weitere Kritik dargestellt. Diese wird aber allerdings dem Berichte gegenüber in

Zur Geschichte der Juden in Magdeburg. 35

hohem Grade herausgefordert. Hören wir zunächst den in mancher Beziehung interessanten Wortlaut: Dessülven jares (1285) dodeden de joden to Meyntze ein cristenkint heimlicken und presseden om dat blot ut dem lyve. Darum verhof (erhob) sick ein de heit sick koning Armleder und togen up de joden, he und synn gesellen. Düt schach dorch düsse sake und dorch de sake de na tohand (nachher bald, womit die nachfolgende Notiz gemeint ist) ok geschrewen steyt. Or geschrey und or teken (Zeichen) was scholey. Z. J. 1287 heisst es dann: In demsülven jare crüzegeden de joden einen de heit Ghude Werner und boden om alle schmaheit de gode (Gotte, Jesus) boden wart sunder dat se on an dat cruze nicht nagelden. Darumme worden de joden by dem ryn (Rhein) vorstort und vordelget und de joden worden hir kume geheget (kaum geschützt) vor der meynheit (Menge). — Hier ist offenbar eine Verwechselung der Ereignisse, denn die Armleder-Verfolgung war nicht 1285, sondern zwischen 1335 und 37 (Schudt I, p. 455 f.). Auffallend ist nur, wie dem Schöppenchronisten, der um die Mitte des 14. Jahrh. schrieb, und also der wirklichen Armleder-Verfolgung der Zeit nach sehr nahe stand, eine solche Verwechselung hat passiren können. Und in der That scheint der Schöppenchronist das Ereigniss selbstständig zu beschreiben, denn die Veranlassung dazu wird von den bei Schudt (a. a. O.) citirten Quellen, die übrigens sämmtlich Süddeutschland und der Schweiz angehören und dem Schöppenchronisten wahrscheinlich noch nicht bekannt waren, nicht so bestimmt angegeben, wie es dieser thut, der übrigens auch das Feldgeschrei der Armleder „scholey" — ein Wort, das ich nicht zu deuten vermag — allein mittheilt. Was es ferner mit der Kreuzigung des „Ghude Werner" auf sich hat, die er mit den Judenverfolgungen am Rhein in Zusammenhang bringt, und ob der Gekreuzigte ein Jude (Ghude = Jude?) oder ein Christ war, — das würde sich wohl der Forschung verlohnen. Bei Schudt, der die Hauptquellen für diese Zeit anführt, wird des Namens und des Ereignisses nicht gedacht; doch erwähnt derselbe einer Judenverfolgung zu München im J. 1287, die ihre Entstehung dem Gerüchte verdankte, dass die Juden einen Christenknaben gestohlen und ihm das Blut ausgepresst hätten. Möglich, dass dies Ereigniss an der erstangeführten

Stelle der Schöppenchronik gemeint ist. Auch wäre vielleicht an die durch Rindfleisch herbeigeführte Verfolgung zu denken, die 1298 stattfand. Doch selbst bei diesen Annahmen bliebe noch Vieles in den angeführten Berichten der Chronik unerklärt.

Beilage I.

Der Erzbischof Burchard verkauft zur Tilgung seiner Schulden 4 Ackerstücke diesseit des Judenkevers, die das Kloster Bergen ihm dazu überlassen hatte, den Juden in der Sudenburg-Magdeburg. 1312.

Borchardus dei gratia Sancti Magdeburgensis ecclesie archiepiscopus Vniversis ad quos presentes littere pervenerint Salutem et sinceram in domino Charitatem. Ne ulla temporum antiquitas, ea que geruntur in tempore valeant abolere, expedit ea scripture memoria perhennari. Recognoscimus igitur per presentes Quod cum venerabilis vir dominus Arnoldus Abbas et Conventus ecclesie montis prope civitatem Magdeburg Quattuor agros qui ex uno latere Cymeterium Judaeorum immediate contingunt, ex alio vero latere versus jam dictam ecclesiam protenduntur Nobis intuito persone nostre ratione Subsidii, quod ad solutionem debitorum Nostrorum petebamus ab ipsis quo ad proprietatem et possessionem sicut spectabant ad ipsos, communiter et libere donavissent Nos agros eosdem Judeis nostris Magdeburg. in villa Sudenborch habitantibus pro centum Marcis argenti Stendaliensis vendidimus et tradidimus jure proprietatis tenendos habendos ac etiam possidendos Concessimus nichilominus Judeis jam dictis de licencia speciali, quod ipsi agros predictos ad cymiterium ipsorum seu locum Sepulture sue ampliandum, aut ad vsus vel commoditates alias possint prout eis videtur expediens deputare Quas quidem centum marcas a dictis Judeis nobis datas integre et solutas ad solutionem nostrorum convertimus debitorum. Acta sunt hec in palatio nostro Magdeb. anno domini Millesimo trecentesimo duodecimo Tercio nonas nouembris, presentibus testibus infrascriptis videlicet honorabilibus viris Geuerhardo preposito, Hinrico vicedomino maioris[1]

---

[1] Scil. ecclesiae.

Johanne thesaurario Theoderico scholastico Sancti Nicolai ac Conrado de sancto Vdalrico Sancti Sebastiani Ecclesiarum Magdeburgensium, Canonicis Capellanis nostris, Nec non honestis viris Harmanno de wederden dicto de warmstorp Johanne de Gronenberch, Ottone de welsleue, Marscalco nostro Sifrido de weddingen ac Tammone, dicto de Hondorp Militibus et pluribus aliis fide dignis. In quorum omnium testimonium et euidenciam pleniorem presentes literas Judeis prefatis dedimus appensione Sigilli fideliter communitas. Nos quoque Arnoldus dei gratia Abbas prior nec non conuentus ecclesie montis supradicte, In recognitionem libere donationis, de agris ante dictis domino meo archiepiscopo Magdeburgensi per nos facte vt superius est expressum, sigilla nostra appendi fecimus huic scripto.

Datum anno domini predicto XII Kalendas decembris.

Auscultata et Collationata est presens hec Copia per me Valentinum Weysz clericum Bamberg. dioc. publicum auctoritate apostolica notarium et Concordat. cum suo vero originali de verbo ad verbum, quod ego manu mea propria attestor.

Beilage II.

Der Abt Johannes vom Kloster Bergen verkauft den Juden in der Sudenburg 2 Morgen Landes diesseit des Judenkevers, 10. Februar 1383.

Wy Johannes von der gnade godis Abbet Johannes prior vn dat gantze Capittell gemeyne des hilliges Godishuszes sante Johannis Baptiste to Berge vor der Stad tho Magdeborch Bekennen in dusszem breue vor vns vnd vor alle vnsze nakomelinge, dat wy eindrechtichlicken mit willen vnd mit beradem mode vnszer aller rechte vnd redelicken hebben vorkofft Wessele Gaddzim Ganoue synem sonen Groten Jacobe, Mosszen synem schwager, Ganouokoyn lutken Gaddzym, Meygeken Mortgay van Stasforde [5]), Dauite van Goslere [6]), synem schwager Tonidza ysaack sangmeister vnd abraham synem sohn,

---

[5]) Stassfurt. [6]) Goslar.

38   Zur Geschichte der Juden in Magdeburg.

ysaac van tangermunde Gaddzim van Lowborch⁷) Mosseke van Calue⁸) vnd keuen van Borch⁹) vnd darna allen gemeynen Joden ryken vnd armen, alden vnd jungen vnd oren eruen¹) vnd alle oren nakohmlingen, vnd alle den Juden die des keuers brucken vnd darthohoren²), twene morgen landes fry vnd eyghen ewichliken tho beholdene vnden vnd bouen³, die dar liggen aller negist orem keuere tho Sante Gertrude wort⁴), vnd hebben ohn die gegeuen vor vertich mark brandenburger suluers magdeburgisches gewichtes, de sie vns ful vnd all betalet hebben vnd die wy In unszes Closters nut vnd fromen gekart⁵) hebben dar des not was. Dussze twene Morgen landes schullen ore brede hebben glick den andern morgen die dar liggen vorth an wente⁶) au den parhoff sunte Gertrude vnd die lenge des ackers wente an den ouer⁷) bouen der Elue⁸) dar geue wy one⁹) tho wege vnd stege wur vnd wan ohn des not is, szunder an vnszem acker vnd korne schullen sie vns neynen¹) schaden dohn. Dusszer twyer morgen landis vnd kopes wille wy one fulstan²) vnd ore rechte were weszen³) vor alsweme wur vnd wan on des noth ys. Ock loue⁴) wy ohn in dusszem breue dat sie dusse twene morgen landes schullen ewichliken beholden vor aller ansprake vor vns vnd vnszen nakomelingen van vnszes gothuszes wegen. Dissze Ding vnd kopes sin tuge⁵) Her Vesze Odilien, Her Albrecht van Jutterbock vnsze altheren, her Johan Knorre vnsze Caritaten vnd sangmeister, her Sander van Northeim vnsze custer vnd perrer⁶) in dem dorpe tho Sante Gertrude, vnd her Johan Dorman vnsze capellan vnd ander fromer lude genoch beide geistlich vnd wertlich⁷). Tho vrkunde dusszer ding dat alle dussze vorgeschreuen stucke van vns vnd vnszen nakomelingen stede vnd wol schullen geholden werden, szo loue wy dit den vorgenanten Joden in gudem trwen⁸) vnd in rechter warheit tho holdene one allerley infall vnd argelist vnd

---

⁷) Loburg.   ⁸) Calbe a. d. S.   ⁹) Burg.   ¹) Erben.
²) Dazu gehören.   ³) Oben.   ⁴) Nach der Gertrudenkirche (in Bukau) zu.   ⁵) Gekehrt.   ⁶) Bis.   ⁷) Ufer.   ⁸) Elbe.   ⁹) Ihnen.
¹) Keinen.   ²) Dafür stehen.   ³) Und ihre rechte Wehr sein.
⁴) Geloben.   ⁵) Zeugen.   ⁶) Pfarrer.   ⁷) Weltlich.   ⁸) Treue.

wy Johannes abt vorgenantt hebben dorch merer bekenntnusse vn szeckerheit [9]) alle dusszer vorgeschreuen ding vnsze grote ingeszegell mit unszes capittels ingesegele witlicken gehenget laten an dusszen breiff, de geuen is nach goddes bort dritteinhundert jar an dem drei vnd achtigisten jare des dinnstags an Sunte scholastiken dage der hilligen junkfrowen.

auscultata etc. u. s.

Beilage III.

Bestätigung des in der vorhergehenden Urkunde gedachten Verkaufs durch Erzbischof Albrecht, 25. Juli 1385.

Wyr Albrecht von gots gnaden vnd des stuels tho Rome Ertzbischoff des hilligen gotshuszes tho Magdeborch Bekennen offintlich vnd thun kunth, alle den die disszen brief sehen oder horen leszen, Das vns vnd den Erhaftigen hern Harmanne domprobste Bartholde dechande vnd vnszem Capittele gemein vnszers gothuszes zcw Magdeburg wissentlich sy vnd vnszenn willen vnd fulbort [1]) darzcw gegeben haben vmme zcwene morgen laudes die vnsze juden zcw Magdeburg vnd alle die andern Juden die darzcw gehoren von dem Erwerdigen szeliger gedechtnisz Johanne Abte zcw berge, des erwertigen ern Albrechts abtes vnszes vettern nehisten vorfahren die nv is vnd von demselben Closter gekofft haben, yn vnd yren nachkomelingen Juden zcw yrem keuere ewichlichen zow habene vnd zcw brauchene vor virtzig marcks Brandenburgisch silbers die sie yn ful vnd all betzalt haben vnd darzcw sollen sie haben das grasbleck [2]) zcwuschen den zcwene morgen vnd yrem keuere vnd van dem Grasbleck an messene sollen sie haben die czwene morgen landes an der brede gleich den anderen morgen wente an den pfarhoff zcw Sanct Gertrude vnd die lenge van dem farwege went an den vber boben der Elue, ohn vnd allen juden ewichlich zcwhabene die zcw dem keuer zcuhoren vnd zcwbesitzene ane alle widdersprache vnd argelist. Das Gras-

---

[9]) Sicherheit.   [1]) Vollmacht.   [2]) Grasfleck.

bleck vnd die zcwene morgen landes mogen die Juden all umbe bemuren ³) zcu yrem keuer dar geben wir yn vnd vnsze cappittele vnd Er Albrecht Apt vnd seyn Capittell zcw Berge vorgnant vnszer aller fulbort vnd willen zcw. szo das sie nymant darannen hindern soll Auch sollen die vorgnanten Juden haben wege vnd stege zcw dem keucre wur vnd wan yn des noth ist als sie von Aldersz wente her zcw gehat haben vnder dem vber vnd dar boben wur yn das bequemest ist, vnd by namen ⁴) eynen stich vber des vorgenanten closters acker er sei beseget ⁵) oder nicht dar sie yer lick ⁶) vnd yer toden ober tragen als yer wontheit ist, Sundern neyne newe stige noch newe wege sollen sie machen ober den acker Were auch das dieselbien Juden, wen sie das grasbleck vnd den keuer zcwene morgen landes bemurten vnd sie des blecks darzcw den zcwene morgen landes horete legin lesen ⁷) vmbemurt das soll gleichwol yer seyn, als efft sie das bemuret hetten, ader bemureten das zcw yrem behufe vnd men sall yn das nicht vorgraben oder vorzcewnen noch nymant soll sie darann hinderen Sundern wir wollen sie gerne darzcw forderen vnd dar bey behalten vor alles weme wur vnd wanne yn des not ist. Und Wy Albrecht Ertzbischoff zcw Magdeburg vorgenant, das alle dissze vorgeschrieben stucke stete gantz vnd vnuorruckt ⁸) bleiben szo egenen wir vnd bestettigen, bestettigen vnd eigenen mitt gantzer wisszen willen vnd fulbort der Erhafftigen vnszer lieben andechtigen Domprobsts Techandes vnd vnszers Cappittels zcw Magdeburg vnd auch des erwertigen Ern Albrechts abts vnd auch seynes gantzen Cappittels des Closters zcw Berge dissze vorgenannten zcwene morgen landes mit allen andern vorgeschreuen artickeln, den vorgenanten Juden zcw yrem keuer ewichlich zcw habene vnd zcw bruchene mit crafft disszes briues vnd haben des zcw vrkunde vnszer grossze Ingesiegell an diszen brieff gehengen lasszen vnd wir Harman Dohmprobst Bertold Techant vnd das gantze Capitel gemein zcw Magdeburg Bekennen das disze vorgeschrieben stucke mit vnszerm willen vnd fulborde geschen seyn vnd haben des

---

³) Mit Mauern versehen. ⁴) Namentlich. ⁵) Besäet. ⁶) Leiche.
⁷) Liessen. ⁸) Unverrückt.

vnszers Capittels Ingesiegell bey vnszres vorgenanten Herrn Ertzbischoff albrechtes Ingesigell zew vrkunde an diszen brieff gehenget lasszen vnd wir Albrecht Apt Johan prior vnd das gantze Capittell des gotshawszes zew Berge wor magdeburg obingenant Bekennen das disze vorgenante stucke vnd artickell vnd ein itztlich beszundern mit vnszerm wisszen willen vnd gantzer fulbort geschen sein vnd des haben wir vnszer vnd vnszers Capittels Ingesiegel zew vrkunde bey vnszers vorgenanten Herrn Hern Albrechts Ertzbischoffs zew Magdeburg vnd seynes Capittels Ingesiegell eyndrechtichen gehenget lasszen an diszen brieff der gegeben ist Nach gotsgeburd Dreyzcehenhundert Jar darnach in dem funff vnd achtzigisten Jare an Sanct Jacobisz Tage des heiligen Apostels.

Beilage IV.

Erzbischof Günther's Privilegium und Schutzbrief für die Juden zu Magdeburg, 17. Januar 1410*).

Wir Gunther von Gotis gnaden Erczbischof des heiligen gotischusz czu Meideburg, Bekennen offenbar in dissem Briue, das wir vnszen lieben Joden beide Mannes namen vnd Vrouwes namen, yre kinder vnd yre gesinde, die warhaftig sin, vnd noch czukommende syn czu wanende in vnszen Jodendorffe in vnszer Sudenburg zu Meideborch met der vorgnanten vnser Joden willen, vnd wor sy wonen in andern vnszen steten, dysze genade vnd gunst sunderlichen getan haben, alz hirnach geschreben ist, das wir sy sechs Jar vmb nehest nach eynander volgend von ghifft dysses Brieffes in vnsern schutz, vrede und bescherminghe sunderlichen genomen vnd enphangen haben, nemen vnd enphangen ouch met kraft disses Briefes, Also, das wir sy, jr Lip, jr gud, vnd sy, eyns rechten getruwelichin vorthedingen, schuczen vnd beschermen sollen vnd wollen, vor allen den, dy durch vns thun vnd laszen wollen, ane Gheuerde. Ouch haben wir yn gered vnd gelobet, reden vnd geloben yn ouch in diszin Briue, ab eyn

---

*) Bei v. Dreyhaupt, Beschreibung d. Saalkreises, I. S. 98.

cristhen mensche einen Joden schuldigethe eyner sache in wertlicher achte adder geistlicher, das der Jode der sache sal neher syn czu entghende nach dem Jodeschen Rechte vff Moyses Buch vor yrer scholen, wen [1]) das yman vff yn brenghen moge adder vorwinnen [2]) met jenigher czicht [3]), Is en were denne offenbare sache vnd eyn hanthaftiger [4]) tad, valsches, dübe, mordes, adder brandes, dar dy schult kennetiglich were. Were ouch das ein Jode adder mer Joden sich mit cristen Luthen czogen, roufften adder slögen, adder sich vnder einander wunthen [5]) adder mordeten, dy schuldigen sollen des engelden vnd dy unschuldigen nicht, noch dy gemeinschaft der Joden, vsgenommen geistliche achte und der kemerie [6]), adder vnszes Gotishuszes czu Meideborg gerechtigkeit, dy der Kemerer, wer der ist, in geczyten [7]) hat czu den vorgnanten vnsen joden, der beschribe wir nicht [8]). Ouch so sollen vnd wollen wir vnd vnse Amptlüthe vnd Voithe [9]) von vnszer wegen vnsen vorgnanten Joden czu eren schulden, czu den dy ön schuldig syn, behulfen syn, wo wir konnen vnd mogen, ober alle schulde, beide ober Hoibet gud vnd ober Wucher [1]). Ouch wollen vnd sollen wir vnsze vorgnanten Joden by alle eren Jodischen rechte, das sy ye gehad haben, laszen, vnd yn, wen sy das von vns eischen [2]), darczu behülfen wesen [3]), so wir vorderst mogen. Vortmer, so syn dy selben vnszer Joden met vns ober eyn komen, das sy vns ydes Jares vierczig mark meideborcher Werunge czu Geschosze geben vnd beczalen sollen czu czwen geczithen [4]), als vünff vnd czwenzig mark vff sente mertens tag vnd vunffczen mark vff sende Walporigen tag yczliches Jares, vnd wir en sollen noch en wollen on des vorgnanten Geschosses nicht erhogen [5]), noch sy met keiner bethe [6]) besweren wir noch vnser Amptlüthe vnd Voythe die vorgnanten czit ober. Wir haben ouch den vorgnanten unszen Joden geredet, dazs wyr sy met keiner hande [7]) gefenc-

---

[1]) Für den Fall dass.... [2]) Ueberführen. [3]) Anklage. [4]) In flagranti. [5]) Verwundeten. [6]) Kümmerei (der Genetiv ist von dem nachfolgenden „gerechtigkeit" abhängig). [7]) Wer es in jenen Zeiten sein wird. [8]) In Betreff dieser geben wir kein Privilegium. [9]) Vögte. [1]) Ueber Hauptgut (Capital) und Zinsen. [2]) Heischen. [3]) Sein. [4]) Zeiten. [5]) erhöhen. [6]) Forderung. [7]) Keinerlei.

nisze nicht czwingen, dringen noch beschaczen wollen, sunder ab wir Geldes bedorffen czu vnszer vnd vnszes Gotishuszes behuffe, das wir vnser Land vnd Lüte beten, vnd die vorgnante vnszer Joden ouch beten, so sollen dieselbe vuszer Joden nach geheisze vnd eyndrechtigkeit czweier vnszer Dumherren vnses Capittels, dy wir darczu kysen vnd czwyger vnszer Joden vs vnsem Jodendorffe, dy vnszer Joden vs vnsem Jodendorfe darczu kysen, vns czu Hülffe komen, nach der macht der gemeynschaft vnszer vorgnanten Joden, alzo das wir sy boben *) yre macht nicht dringen sollen noch en wollen. Was ouch vremder Joden czu yrer schulen vnd kyuere vs vremden Landen in das Jodendorff wandern, von wenne dy sint, dy sollen sicher beclith *) czu vnd abe durch vnser Land wandern vor vns vnd vor den vnsen vnd vor alle den, dy durch vns thun vnd laszen wollen ane Gheuerde. Ouch habe wyr ön gelobet vnd geredet, sunder Geuerde, ab ein Jode adder mer Joden ichtes gebrechen ¹), welcherleige das were, ane vffinbare sache vnd hanthaftige tad, valsches, dübe, mordes adder brandes, den noch dy Joden sollen wir nicht grifen adder griffen laszen, sundern sy sollen komen, wen wir noch ön senden in vnsen hoff czu Meideburg, adder wo wyr syn vir Mile na Meideborg, vnd sollen dy sache dar buszen nach gnade. Were aber, das der adder dy Joden czu der sache nein seiten²), so sollen er adder dy das behalden vnd vnschuldig werden met sines selbes Hand vff Moyses Buch vnd dar methe sal her adder sy ledich vnd los syn, vnd keine Busze geben, vnd wolde der adder dy Joden nicht czu vns kommen vnd also buszen vnd sich entledigen, so sollen dy andern vnsze Joden den adder dy Joden vorvolgen mit einem Jodischen Banne, vnd dringen vnd besweren met erem Jodischen rechte, vnd dar vs nicht laszen, vnd wir mogen den adder dy Joden vnd öre gudere bekommern³) vnd besetzen, also das dy bekommerte Joden vs vnser stat czu Meideborg, vnd dywile der Bekummer vnd die Besatzunge steht, in keine wis cziin⁴) sollen, vnd wir, noch vnser Amptlüte sollen noch en wollen des bekommerten Gutes nicht abe tragen, sundern vnszer Voit met

---

*) Ueber.   *) Begleitet.   ¹) Etwas verbrechen.   ²) Sagten.
³) Mit Beschlag belegen.   ⁴) Ziehen.

eyme andern der vnszen sal czu sich nemen czwene vnser genanten Joden, dy vire sollen dy bekummerten güter bewaren ane Geuerde, also lange bis das der, adder dy Joden gebuszen, adder sich der sache genczlich entledigen, hette aber der adder dy Joden einen andern frommen gewiszen Joden, der vor ön gelobete, so solle vnd wollen wir den Bekummer vnd besaczunge ober dy Joden vnd dy güter genczlich abethun ane Geuerde. Vnd wenne disze vorgnanten Sechs jar vmme komen syn, vnd vorgangen, so en sal denne disze Brieff mer keine krafft noch macht haben, vnd sal aller Dinge tod syn das alle disze vorgeschreben stucke vnd artikkele met einander vnd ein iczlich besundern vor vns, vnse nakomelinge Erczebischoffe vnd Gotishusz czu Meideborg den vorgnanten vnszen Joden stete, gancz vnd vnuorrukt gehalden werde, des czu Orkunde haben wir vorgnante Erczebisschoff Günther czu Meideburg vnszer Ingesigel lasen hengen an dissen Brieff, der gegebin ist nach Cristi Geborte virczenhundert jar, darnach in dem czenden Jare vff den Fritag, sente Autonii tage des heiligen Aptes.

Beilage V.

Bericht des erzbischöflichen Möllnvogts, wahrscheinlich an einen Rath des Erzbischof's, über die angebliche Beleidigung eines Barfüssermönches durch Juden aus dem Judendorfe, Freitag nach Cantate, 25. Mai, 1492.

Achtbar vnnd houchgelarter günstiger herr vnnd fürderer Ich bitt euch wissenn dar In osternn amm mitwoch etlich geschicht vonn eym joden der selbander ken nürnbergk Ist gerittenn als ich vermerke myn gnedigstenn hernn vnnd uch mit anndernn siner gnaden rethen woll wissentlich, vnnd als dann mynem gnedigsten hernn in siner gn. derwegen getanen schrifftenn das ich die dinge heimlich in erfarunge vnnd die Joden zcun hendenn nehmen sollt zu erkennen hat gegeben habe ich alle dinge von stündt als es geschehenn ist vor mynes gnedigsten herrn schrifften woll gewüst, vnnd was ich darvmm getan vill zelange zeschriben were, vnnd dennoch die ding bie mir aleyne heimlich vnnd verborgenn gehalten in vertruwen die Jo-

Zur Geschichte der Juden in Magdeburg. 45

den ire zukünfft [5]) bie der Hant ze krigenn, ober das [6]) Ist der selbte monnich dem die oberfarung [7]) geschehenn syn soll amm Sontag Jubilate auffem predigstul gestandenn vnd offinberlich gerüffenn wie Im die oberfarunge geschehenn were vnd so die voyde vnnd gewaldigenn nicht dar vmm thetenn klagen er sulchs sinen brüderan den Smedeknechten, Schusteran vnd anderan das die sulchs wrekunge [8]) soltenn amm Sontag vonn stundt nach der maltzit habenn sich die smedeknecht XL adder L vngeuerlich [9]) auff dem nyen marght hart vorm dhom versammelt vnnd doselbst eyn Joden darnidder geworffen vnnd bisz in den todt verwundt die andernn Joden haben müssen entlouffenn, als mir die klage von stundt vom Joden ist vorgekommen, habe ich zü den smedeknechtenn gegangenn vnnd gesagt war vmm sie den Joden so vff mynes gnedigsten herrn frieheit darnidder hettenn geslagenn haben sie mir mit stoltzenn wortenn geantwort vnnd die predig dar ich zůuorenn [1]) nicht vonn wuste geoffenbart vnnd so zü mir gedrüngenn vnnd gesagt ob ich die Joden vertedingenn wolt, Ich hette wol X gulden gegeben das ich von yn gebliben were, als ich aber ir vnuernünfft vermerkt gabe ich In gutte wort vund sprach liuenn gesellenn Ich gedenke des Joden haluen nicht faste darvmm zethünde, aber glichwoll müss ich üch Im gerichte verfestenn vnnd dar nach vor dem müszhus [2]) adder vor der rothenn dore [3]) mit rechte verfolgenn vnnd die Frieheit des nyen marghts vnnd mynes gnedigstenn heran gerichte erhaltenn vnnd zoch mich so in der güte wie ich künde bisz auffen molhoff [4]), wie ich mit gute vonn yn quam were lang zeschribenn als ich auffen molhoff qüam do schickt [5]) ich ouch gude gesellen bie XL zü mir heimlich, do schicktenn die Smedeknechte zu mir auffen molhoff vnnd hiessen mich bitten das ich sie nicht wolle verfestenn vnd ausz dem lande Jagenn sie woldenn sich mit mir vertragenn, vnd gebetten ap sie geleitlich abe vnnd zü kommen vermüchten das habe ich sie versichert vnnd vnder

---

[5]) (Bei) ihrer Rückkunft. [6]) Ueber das — inzwischen. [7]) Der Ueberfall. [8]) Rache, das zugehörige Zeitwort, etwa „üben", ist ausgefallen. [9]) Ungefähr. [1]) Zuvor. [2]) Der erzbischöfliche Pallast. [3]) Bezeichnung für das Gerichtshaus. [4]) Möllnhof, Sitz des Möllnvogts. [5]) Liess holen.

vill hendeln, habenn sie mir geredt vund gelobt vor sulch gewalt
nuffem nyemarght iu mynes gnedigsten herrn frieheit vnnd gerichte in XIIII tagen willenn zemachenn *) vnnd sulchs vorborgt
des montages nach dem selbten Sontag Jubilate bin ich vonn
amptes wegen wegh gerittenn haben der rath in der alden Stat
magdeburg den Joden die stat verbotten, vnnd als ich des
Donnerstages widder heym kommen bin habenn mich der rath
auff ir rathūsz beschickt ⁷) do selbst alle drie rethe mit den
scheppen zesammen gehat, vnnd mit merklichenn vnd langenn .
wortenn fast angezogenn vnnd geredt wie ich der that wegenn
vff dem nyemarght von den smeden geschehenn mit sulcher
vornehmen peinlicher klage vnnd verstrikunge vnbillich hette
vorgenommen dann sie hettenn das vngericht doselbst zestraffenn
mit withern anhange geredt, habe ich geantwort Ich verstünde
das wort vngericht nicht sie soltenn mir das dutten*) habenn vns
fast mit vill worten vnderreth dennoch liessen sie nicht abe vom
vngerichte, do sprach Ich zū ynen myn gnedigster herr hette
das gericht an der Stede, vnud were vngerichte thete den mucht
sine gnaden adder ich anstat siner gnaden mit dem gerichte adder mit dem rechtenn straffenn, vnnd ich verstünde das wort vngerichte nicht anders dann vnrecht etc
vnder langenn hendeln die woll vier stūnde warthenn*),
bathenn sie mich das ich die smedeknechte wolde verlassenn
sie woltenn sie selbsz straffenn do sprach ich die sache die
hetten sie mir vorborgt dar wolde ich von mynes gnedigsten
hernn vnnd gerichte wegen die straffe nehmen hetten sie aber
welche straffe susz ¹) mit ynen kunde ich yn nicht verbiethenn,
haben sie mich aber gebetten die ding der verstrikungen der
Smedeknechten in rüge ²) sten zelassenn eyn tzit dar sie forder
mit mir dar vonn handel habenn mūchten, habe ich yn zugesagt
das die selbten ding so vngeuerlich vnnd vnschedlich der
Smede vorborgunge ansten solle, bisz das ich yn forder myne
meynunge zū erkennen gebe, So lange solten sie inhefftenn bli-
benn aber die Jode woldenn sie in mittler tzit in der Stat nicht
lidenn Ist mym gnedigsten Hernn nicht wenigk macht an der

---

*) Sich willig zu zeigen.   ⁷) Rufen lassen.   *) Deuten.
*) Währten.   ¹) Sonst.   *) Untersuchung.

selbtenn frieheit vnnd am gerichte gelegenn, ap ye sine gnaden das gericht zefroszen (?) loszen worde muchten sie des gelichen alszdann aber vornehmen was mir aber merklichs ausz den dingen begent ist, kann ich alles nicht schribenn. Ich stee aber grosze abetūre³) vnnd ferlikeit vor den smedeknechten Ich darfe keyn perdt vor der Smede beslahenn lassen, aber als itzt mynes gnedigsten hernn brieff Jungst an den rath durch mich gebracht haben sie mir wiewol swerlich die Joden wiuor zelidenn antwert gegebenn vnd alsze sie mir des abindes antwert habenn gegebenn Sindt des morgens etliche Joden dūrch die stat gegangen vnnd nach borgh⁴) wollenn wandernn die dann in der Stat geslagenn geworffenn vnnd ge Jagt sint geworden habe ich von stundt den radt angezogen irer vorheissunge vnnd zūsage vermanth haben sie geantwort es sie yn leidt vnnd dennoch flisz allinthalbenn vorgewant dardurch sie vermeynen forder nicht noth sin soll, bin ich in der meynunge zu mynem gnedigsten Hernn zerritthen geweszt So habe ich So vill zeschaffenn das ichs nicht gethun kan, Ist myn fruntlich bete, wie ich mich ken dem rath vnnd den Smedeknechten der verstrikunge halbenn an siner gnaden, erfarunge habenn vnnd mir zu erkennen geben wollet halten soll, dann ich vermerke das sie mynem gnedigsten hernn fast in siner gnaden gebiete vnnd frieheit griffenn wo es ynen gestat worde. (Der Schluss des Berichtes handelt von andern Angelegenheiten.) datum am Fritag nach den Sontag Cantate anno etc XCII

hanns Reynhart
Molhvogt

Beilage VI.

Bericht des Möllnvogts an den Erzbischof über dieselbe Angelegenheit, Sonntag Exaudi, 3. Juni 1492.

Demm houchwirdigstenn Ingott vatter Irluchtenn houchgebornenn fursten vnnd Herrn Herrn Ernsten Ertzbischoffen zu magdeburg, primaten in germanien vnnd administratorn der

---

³) Abenteuer. ⁴) Burg.

Kirchen zu halberstat hertzogen zu Sassen lantgrauen in Doringen vnnd marggrauen zu meissen mynen gnedigsten lieben herrn [5]).

Houchwirdigster Inngott vatter Irluchter houchgeborner Furst gnedigster lieber herr myn verpflchte vnnd gehorsame dinste synndt ewern gnaden vor ann willig bereith gnedigster herr auff ewer gnaden itzt getane schriffte, gebe ich ewern gnaden den handel zwuschenn den Joden vnnd den barfussenn monchen in vndertenigen dinsten zū erkennen Es sindt zwey Joden nach den osternn kortz ausz magdeburg ken nürenbergh gerittenn, haben ynen zwey barfusse monnich eyn priester vnnd eyn ley bruder eyn halbe mile vonn magdeburg begenth, hat des eynen Jodenn perdt geschüeth [6]) vnnd den Joden vertragenn, hat sich der Jode mit dem perdt erholt vnnd in vppikeit zū dem priester der vorgingh gewanth vnnd mit stoltzenn worten obirfarenn, vnnd in syn swert gegriffenn ap er yn slaen wolt vnnd das swert woll halbyszgzogenn dor mit quam der leybruder ouch dar zū vnnd der ander Jode ranth zū sym gesellenn vnnd hiesz yn obil [7]) vnnd sprach du narr sich das du vnsz beyde zeschadenn bringst vnnd so mit worten gestrafft vnnd syndt so von den monchen wegh gerittenn als keyne verletzunge geton vngeuerlich 1½ stunde dar nach wardt es mir wiszlich do reyth ich mit myn knecht nach in meynunge sie widdervmm zeholen vnnd so ich eyn mile vonn der stat quam ryttenn ir zwey vor mir usz dem wege vnnd kerten sich nach eggeln. vnd worden flichtig den volgt ich zweymile nach vnnd alsze sie in eyn dorff entritten do weren es zwei gepūrenn [8]) so das ich sie nicht krege, des morgens quam myn gnedigster herr graue magnus [9]) zū mir vnnd sagt mir die ding wie die Joden gewalt geton hetten do sagt ich siner gnade solde die ding instille vnnd geheym halten uff das die Jodenn nicht verwarnth worden so sie vonn nürnbergh kommen worden ich wolt Im recht thun des ist nū als ich verstec sine gnaden

---

[5]) Diese Zuchrift befindet sich im Original vor dem als Beilage V. abgedruckten Schreiben, gehört aber ohne Zweifel hieher.   [6]) Gescheut.   [7]) Uebel.   [8]) Bauern.   [9]) Von Anhalt, nachmaliger Dompropst.

nicht gesettigt, vnnd ewernn gnaden sulchs zügeschriben dar auff ewer gnaden mir ouch die ding ingeheym vnnd die Jodenn zühant habenn vnnd bisz am ewer gnaden[1]) zehalten geschriben hat, dem nach habe ich die ding heymlich bie mir behalten in vertruwen die Joden solten sulchs nicht erfaren haben, So hat der monnich amm Sontag Jubilate an irer kirchmisse dar vonn gepredigt, vnnd die ding grosser dan ann sich selbsz ist gemacht, So das die smedeknecht bewagenn sindt geworden, vnnd dar auff sulchethat wie ich zuuornn geschriben begangenn, derwegenn nicht geringe hendel zwuschen dem rath in der olden Stat vnnd mir der gericht halben sich begeben habeun die ich ane muntliche vnderrichtunge nicht schriben kann Ich bin ouch von stundt so sulche gewalt auffem nüemarght geschehenn, zü dem gardian in das parfusser kloster gegangen vnnd die eldisten mit denselbten predigern verheischenn lassenn, vnnd Im gesagt das mich sulcher lichtfertigen predig dar ausz mordt vnd allerlei bosze entsthen muchte vorwündere, er hat sich aber mit etlichen worten entschuldigt taliter qualiter, vnnd mich der Ding von den Joden in obgeschribener gestalt gescheenn auch vnderrichtungen geton, vnnd als dann die Joden sulchs erfarenn vorstee ich das eyner zü Iszleuen[2]) gegriffen sin soll Ich habe ouch alle ire guttere verhafft vnnd bekommert, wie wol des gefangnen mütter spricht er habe nichts eigens werden die ding bisz zü ewer gnaden zukünfft in sulcher kummer verblibenn, des gelichen bliben ouch die smedeknecht in der verstrikunge wie zuuorenn an ewer gnaden cantzlie[3]) geschriben vnnd die sachenn sindt von mir vorsetzlichen an ewer gnaden vngeschriben nicht vorhalten[4]) Ich habe ye gemeynt ewer gnaden were der ding von mynes gnedigen herrn graue magnus allis vnnd gnuglich vnderrichtet ewer gnaden vndertenige dinste zu leisten bin ich bereit. datum am Sontag exaudi anno etc XCII

hanns Reynhart
Molhvogt.

---

[1]) Hier ist wohl das Wort „Herkunft" ausgefallen. Der Erzbischof befand sich damals in Halle. [2]) Eisleben. [3]) Damit ist wohl das vorstehende Schreiben (Beil. V.) gemeint. [4]) Er will sagen, dass er vorsätzlich über die Angelegenheit nicht an den Erzbischof geschrieben.

Beilage VII.

Der Juden zu Magdeburg Bittschrift an Erzbischof Ernst, 1492.

Erwirdigister Ingotuator durchleuchter hochgepornner furste. Ewernn furstlichen gnaden sein vnnsere vndirtenige dinste alle Zeeit bereyt gnedigister und liebir herre, Wir armen Joden bitten ewere furstliche gnade demutig clagend zu wissen. Es hat sich in der nehest vorgangen Oster mitwochenn, begeben, das vnser Joden zcweene vbirfelt geritten, denselbien zcwene barfoten monniche begeinet sein, also sol der eine Jode den monnich mit vnczuchtigen wortten gemissehandelt, vnd ubirgeben haben, als wir bericht sein, des selbtien handels sich der monnich vor ewerer gnaden moluoite zu magdburg beswert erclagit, hat gemelter moluoit nach uns beiden als vorstender der Joden geschigt, vns hertlich gebeten ein sulchs bie vns In geheim zu behalten, bisz vff zu kunfft des Joden, der widdir den monich sol gehandelt haben, sich der warheit ob das also geschen zu erkunden, Nu hat der monnich sulche ding offenberlich zu magdburg vff dem predigtstule vszgeruffen, Sundirlichen das den Smede und Schusterknechten geclagit, die dannen Bruderschafft mit on halten, von den selbtien gesellen geschiet vns armen Joden gros vbirlast und gewalt, In dem das sie am nehesten Sontag vorgangen einem unsern Joden vff dem nuwenmargt one alle redeliche schulde darnidder geslagen [a]), der selbtien vnrechten gewalt, haben wir uns vor ewerer gnaden moluoite erclagit der die teter dingpflichtig gemacht, in meynung vmb solch gewalt zu on zu furdern, darnach vff montag darnest Sint wir in die alde Stat kommen, haben die gemelten gesellen vns abbir darniddir geslagen vnd gewurffen sulchir gewalt wir vns vor dem Ersamen Rath zu magdeburg erclagit, abbir vns hat darubir nicht mogen gericht noch gehulffen werden vnd haben uns ewerer furstlichen gnaden Stat darin zu gehen, vorboten, vnd nach dem wir in ewerer gnaden beschutz vnd schirm stehin, hetten wir gemeint dem Rate were ein sulchs gein vns vorzunemenn nicht neid gewest, Darumb Ewere furst-

---

[a]) In der Hds. steht hier fehlerhaft „wurden".

liche gnade Bitten wir mit undirtenigem vleis, Ewere gnade welle vns armen Joden so gnedig sein vns vor sulchir vnrechten gewalt beschuczen vnd vertheidingenn, dem Ersamen Rate zu Magdeburg beschaffen, sulch vornemenn abezustellen vnnd vns ewerer gnaden Stad magdburg zu vnser nod wieuor [6]) zu gebruchen vorgonnenn, danner so vns armen Joden Ymants in zuspruches vermeint ist zu haben, So ist ewer furstliche gnade unnser allezceit leibis und gutis mechtig, vnd ewere furstliche gnade wolle vns in gnedigem schutze vnd schirm behalden, vff das wir in sulchir geferlickeit vnd vnrechter gewalt, vor den Smede und schuknechten, vnsers leibis nicht in far stehin, das wellen wir armen Joden mit vnsern vndirtenigen pflichten vmb ewr furstliche gnade allezceit gernne vordiennen. Gebin Sonnabents nach Judica [7]) anno dom. 1492. Bitten ein gnedigis Antwurt.

Von ewerer furstlichen gnaden arme Joden Abraham vnd kanolt, vorstender der gantzen Jodenschafft ym Jodendorff zu Magdburg.

Der Bittschrift ist folgende Anlage beigeheftet:

Auch gnedigister vnd liebir Herre, vns armen Joden wirt von des thumprobsts official zu magdburg des Banneshalben etzliche beswerung, das vormals nie gewest, vff gelegt. darumb wir ewer gnaden moluoit zu ym geschigt, gebeten vns bie alder gewonheit bleiben zu lassen, ist allis vnhulflich. Ewere furstliche gnade demutigelich Bittend dem official schreiben thuen, vns mit keinen nuwen funden zu vbirsetzen, Sundern das bisz vff ewere furstliche zu kunfft beruhen, vnd alles was ewere furstliche gnaden erkennet, darnach richten wir uus allezceit gerne. dat. vts.

Die Aufschrift lautet:

Dem Erwirdigisten Ingotuater durchleuchtenn hochgebornnen furstenn vnd hern hern Erusten Ertzbischoff zw magdburg primas vnd administrator der kerchenn

---

[6]) Zu unserm Bedarf, wie früher.   [7]) Muss wohl Jubilate heissen, da der Sonntag Judica 8 Tage vor Ostern ist, die Begebenheit aber nach Ostern vorgefallen war.

zu halbirstadt, hertzoge zu Sachsenn lanntgraue In döriunngenn vnd marggraue zu meisenn vnnsrem gnedigsten, lieben herrn.

Registraturvermerk: Der Juden von magdeburg Schreiben der parfuser munnich halben etc.

Beilage VIII.

Erzbischof Ernst's Befehl an den Rath der Sudenburg, die Grundstücke der Juden anzukaufen, 1493 *).

Wir Ernst von gots gnaden Ertzbischoff von Magdburg, Primas in Germanien vnd Administrator der kirchen zu Halberstad, Hertzog zu Sachsen, Landgraue in Doringen vnd Marggraue zu Meissenn, bekennen vffintlichen mit diesem briue, vor vns, vnser nachkommen, vnser Stifft zu Magdburg, Nachdem dann ettwelange zceit etliche Juden in vnnser Sudemburg Magdburg, in einer stete, das Judendorff guant, yre weszen vnd wohnung gehabt, vnd doselbst vaste vngebürliche handel wider der heiligen kirchen vnd vnser geboth vnd ordnung der heiligen rechte mannichfaltig geübet, darumb vnd auch vsz andern redelichen vrsachen vns nicht vnbillich dorzu bewegende, haben wir dieselbte Juden gevrlaubt vnd yn gebotten, das selbige vnser Judendorff vnnd Stifft zu Magdburg zu rewmen, yn auch yre hewszer, güter vnd gerechtikeit, so sie Im selbten Judendorffe, vnd wur sie die bynnen vnd buszen *) vnser Sudemburg Magdburg herbracht und gehabt, durch die Vorsichtigen vnser lieben getruwen den Rath vnser Sudemburg Magdburg, gelden vnd beczalen lassen, Das wir nu mit wissen, willen vnd fulbordt der hochgeboren Wirdigen und Erhafftigen vnser besundern lieben Oheimen vnd Andechtigen herrn Adolffs fürsten zu Anhalt etc. Thumprobsts, Ern Albrechten Klytzing, Techands, vnd Capittels gemeyn vnser kirchen zu Magdburg, vorbedechtlich mit zceitigem Rate vnser Rate vnd heymlichen lieben getruwen, die selbte

---

*) Veröffentlicht von Erhard in Ledebur's „Allgemeines Archiv" I, S. 322.   *) Innerhalb und ausserhalb.

stete, das Judendorff gnant, mit solicher freyheit vnd gerechtikeit als die dieselbten Juden biszher in verschribung vnd gebruchender Gewehre gehabt, den obgemelten vnsern lieben getruwen Burgermeistern, Rathmannen vnd gantzen gemeyne vnser Sudemburg Magdburg die itzund sind vnd allen yren nachkomen zu vermehrung vnd grösserung derselbten vnser stadt verschriben, gegeben vnd voreygent haben, verschreiben, geben vnd voreygenen yn auch die obgerürte stete, wie obinangeczeigt, also geinwertig in vnd mit crafft dieszs briues, Also das die Burgemeistere vnd Rathmanne vnser Sudemburg Magdburg obinbestymbt die vilgedachte stete das Jodendorff mit aller vnd iglicher yrer In vnd zubehörung Innehaben, mit Cristen Lewthen, die vns vnd yn wie ander bürger der selbten Sudemburg gewertig vnd gehorsam sein, besetzen, der zu yrer notdurfft gniessen vnd gebruchen mögen, vor uns, vnser nachkomen vnd ydermeniglich vngeirret vnd vngehindert, vnd sie vnd yre nachkomende Rathmanne sollen vnd wollen vns vnd vnsern nachkomen Ertzbischouen vnd kirche zu Magdburg von der obgedachten stete vnd andern der bemelten Juden liegenden gründen vnd gerechtikeit, zu vnserm Ertzbischofflichen tische, oder wurhin wir sie damitt verweiszen werden, alle Jar fünffundsechtzig Rinische gülden vff zwu tagezceite, nemlichen die helffte als drey vnd dreiszigstehalben gülden vff santt Mertins tage nehstkünfftig, vnd die andere helffte vff Walpurgis nehst darnachfolgende, vnd so hinfurder alle Jar vff die itztbestymbten zewu tagezceyte, reichen vnd geben, ane alle widerrede, behelff, argelist vnd geuerde, Des zu bekenntnisse haben wir vnser grosse Ingesiegel vor vns vnd vnsere nachkomen an dieszen brieff thun hangen, Vnd wir von gots gnaden Adolffus fürst zu Anhalt, Thumprobst, Albertus Klytzing, Techand, vnd Capittel gemeyne der kirchen zu Magdburg, bekennen auch offentlichen mit dieszem selbten briue, Das die obingeschrieben vereygenung der stete vnd gerechtikeit des Jodendorffs vnd alle vnd Igliche stücke, punct vnd Artikel dieszs briues mit vnsern wissen, willen vnd fulbord gescheen sind, vnd des zu bekenntnisse haben wir vnsers Capittels Ingesigel bey des gnanten vnsers gnedigen herren Ingesigel auch an diesen brieff lassen hengen, Der Gebin ist zu Magdburg nach Xpi vnsers herren geburdt Thuseud vier hundert dornach Im dreyunddnuhenzigsten Jare Am . . . . . .

Beilage IX.

Der Juden Quittung über empfangene Bezahlung für ihre Häuser und liegende Gründe, 1493 [1]).

Wir Susemnn, Abraham von Egelen, Zcadach von Brandeburg, Canolt, Isack Gardeleue, Wyuelman Lewen vater, Meyger der drier Schuneman, Anczell Meysterman, Israhell, Lazarus Cassel, Imige, Jacof Lange, Jacof Pustermacher, die Megreynne von Calbe, Benedictus frawe, Margkdreger, Butke, Pinchus, Lazarus Ruppyn, Hensell mit seinen dren Brudern, Joachim feruer, Hanneke, Stewke, Love Zcadach, Nachman, Jacof Salme, Jacof Wider, Smol Bosekes, alde Smolschen, Benedictus, mit allen andern Juden vf dasmall zu Magdeburg wohenaftig, semptlich vnd eyn iclicher in besundern, Bekennen vnd thun kunth offinbar vor alszwem den diesser vnser briff vorkompt sehen oddir horen lesen, dass die Erszamen vnd weysen Burgermeister vnd Rathmanne der Stad Sudenburg Magdburg awsz befehl vnsers gnedigsten herren von Magdeburg vns semptlich vnd eynem iclichem inbeszundern vnser huser vnd liggende grunde mit alle irer gerechtigkeyt doselbst vnd ouch vor der Stad, recht vnd redelichen haben abegekofft vnd mit bereydem gelde wolzudangken vergnügt vnd bezcalt, vnd vnser gnedigster herre von Magdeburg hat vns sulch geld vor vnsere guttere gnediglich folgen lassen, dasz wir seynen Gnaden vnderteinglich dangken, Vnd wir obgenanten Juden sagen sie mit verlassunge aller vnser liggenden gutteren vor vns, vnser erben vnd nachkomelingen sulchs geldes und bezcalung qwit, ledig vnd loss incrafft diesses briefs, vnd zu merer Sicherheyt vnd steter haltung haben wir Zcadach von Brandeburg, Abraham von Egelen vnd Canolt, als gebeten von der auderen wegen, vns eynn iclichen mit seyner eygen handschrifft hir vndergeschrieben, Also lwtende, Ich N. Bekenne offintlich, dass ich ausz sunderlicher vorbethe vnd befehle der obengeschrieben Juden zu eyner waren Sicherheit, nach dem wir semptlich noch sunderlich kein Ingesigel haben, zu steter haldung mich mit myner eygen handschrifft hir vnder verschrieben, dass ich vor mich vnd sie alle obengeschrieben qwitancz bekennen vnd halten sollen vnd wollen.

---

[1]) Das. S. 324.

Der Geben ist am donnerstag nach dem Sontag Jubilate anno domini etc. XCIII (1493).

Sulches ist instrumentiret durch eynen offinbaren schreyber, das alle ding weyter vnd clarlicher innen begriffen seindt.

Beilage X.

Antwort des Bischofs zu Merseburg an den Erzbischof Ernst, wegen der ihm angesonnenen Vertreibung der Juden, 1493²).

Vnnsern willig dinst zuuoran, Erwirdigister In godt vater, Irluchter, Hochgeborner furste, Gnediger herre, Als vns uwer Gnad geschreben, wie Ir dem almechtigen gote zu lobe, vnd zu vorhuten uwer g. underthan, die Juden, die szunderlich kristlichs glaubens feindt sind, vsz beyden uwen g. Stifften zu zeihen vorschafft, vnd als an uwer g. gelange, das wir faste Juden zu Merszburg haben sollen, von den uwer g. vuderthan mit wucher beswerung, vnd dem almechtigen gote miszbytung beschiet, Begerndt die Juden zcu Merszburg auch nicht zu leiden etc. Fugen wir uwen g. wissen, das wir allhir zcu Merszburg, ader in alle vnserm Stifft, keyne Samelung von Juden haben, denn alleyne eynen Juden mit seynem Sone vnd Tochtermann, dem wir denne in vnser Stadt Merszburg eyne zceidt zu leiden vorschrieben, vnd alsdenn vnser vorfarn vnd wir alleweg zcu Merszburg Juden gehabt, als sunderlich bey den Thumstifften die zcu halten durch die heilige Romische kirche zcu gedechtnis des leiden gots zcu gelassen, Bitten wir uwer g. als vnsern g. herren, sich nicht widderwentig sein lassen, ab wir denn eynen vnsern Juden alhir zcu Mersburg, vnser freyheit vnd herkommen nach, bey vns halten, wue aber uwer g. eynich gebrech hatte, in dem das uwer g. vnderthan durch yn schade solt zugefügt werden, Sindt wir erbotig, mit dem selbigen vnsern Juden zu verschaffen, damit sollichs verbleihe, vnd wie es durch die heilige Romische kir-

---

²) Das. S. 328.

che vnd das Recht verordent, als Juden sollen gelyden werden, sich darinn der gebore zu halten, vnnd wurmit wir uwer g. willig dinst vnd gefallen erzceigen mogen, befindt vns uwer g. alleweg geflissen. Datum Merszburg dinstags in den pfingest heiligen tagen Anno domini etc. XCIII (1493.)

Tilo, von gots gnaden
Bischoff zcu Merszburg.

Dem Erwirdigsten in godt vater, Irluchten hochgebornen fursten vnd herren, herren Ernsten, Ertzbischoffen zcu Magdeburgk, primaten in Germanien vnd Administrator der kirchen zu Halberstadt, herzcogen zcu Sachsen, lantgrauen in Doringen vnd Marggrauen zu Meiszen, vnserm gnedigen herren.

Nachtrag.

Wie mir Herr Rabb. Dr. Auerbach in Halberstadt nachträglich mittheilt, erwähnt das Mainzer Memorbuch einer zweimaligen Vertreibung der Juden aus Magdeburg in den Jahren 1096 und 1146. Da hierüber von anderer Seite nichts berichtet wird (vgl. S. 7), so muss angenommen werden, dass die Vertreibung nur eine theilweise, oder vorübergehende gewesen sei.

Berichtigung.

Auf S. 6 muss es in der Anmerkung 5 heissen: Beilage III, IX.
„   „   „   „   „   6 „   „   VIII.
„   „   „   „   „   7 „   „   I.

Druck von Grass, Barth & Comp. (W. Friedrich) in Breslau.